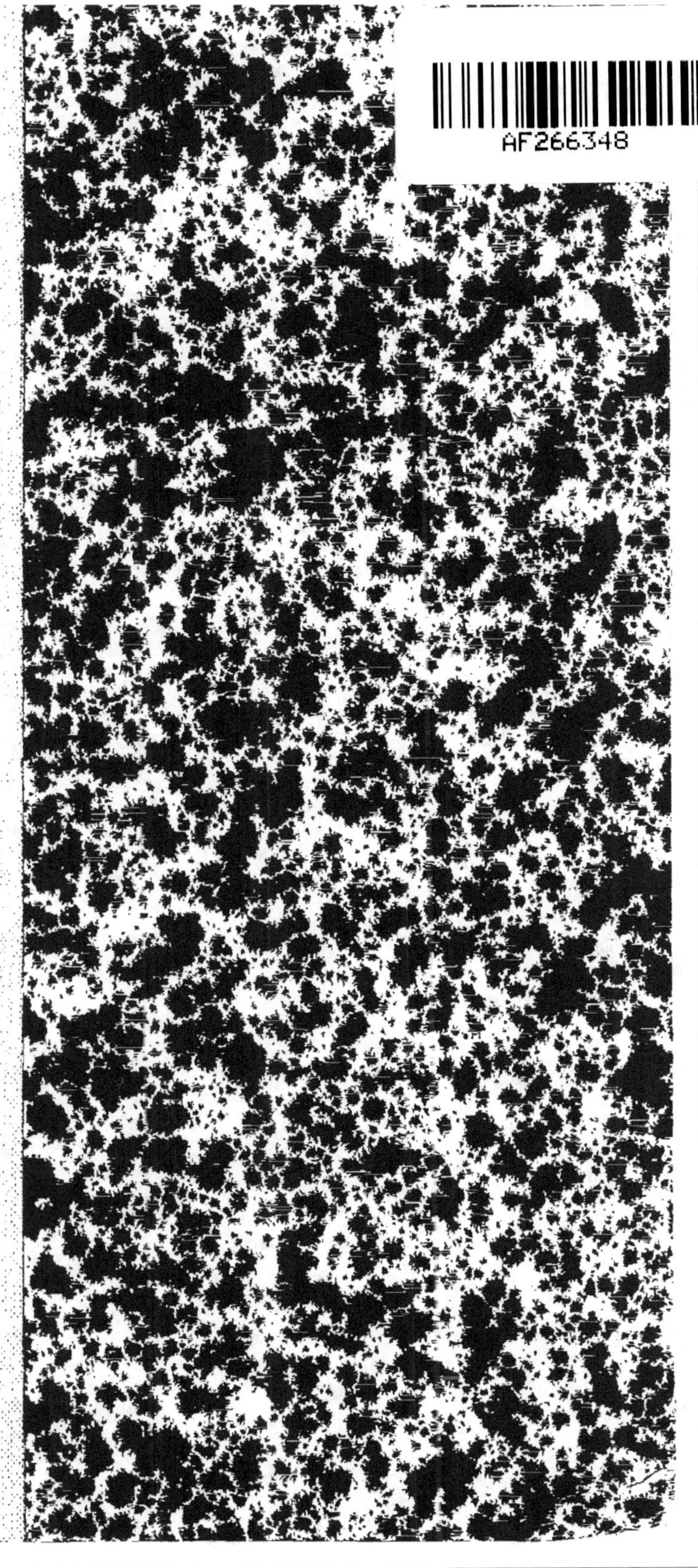

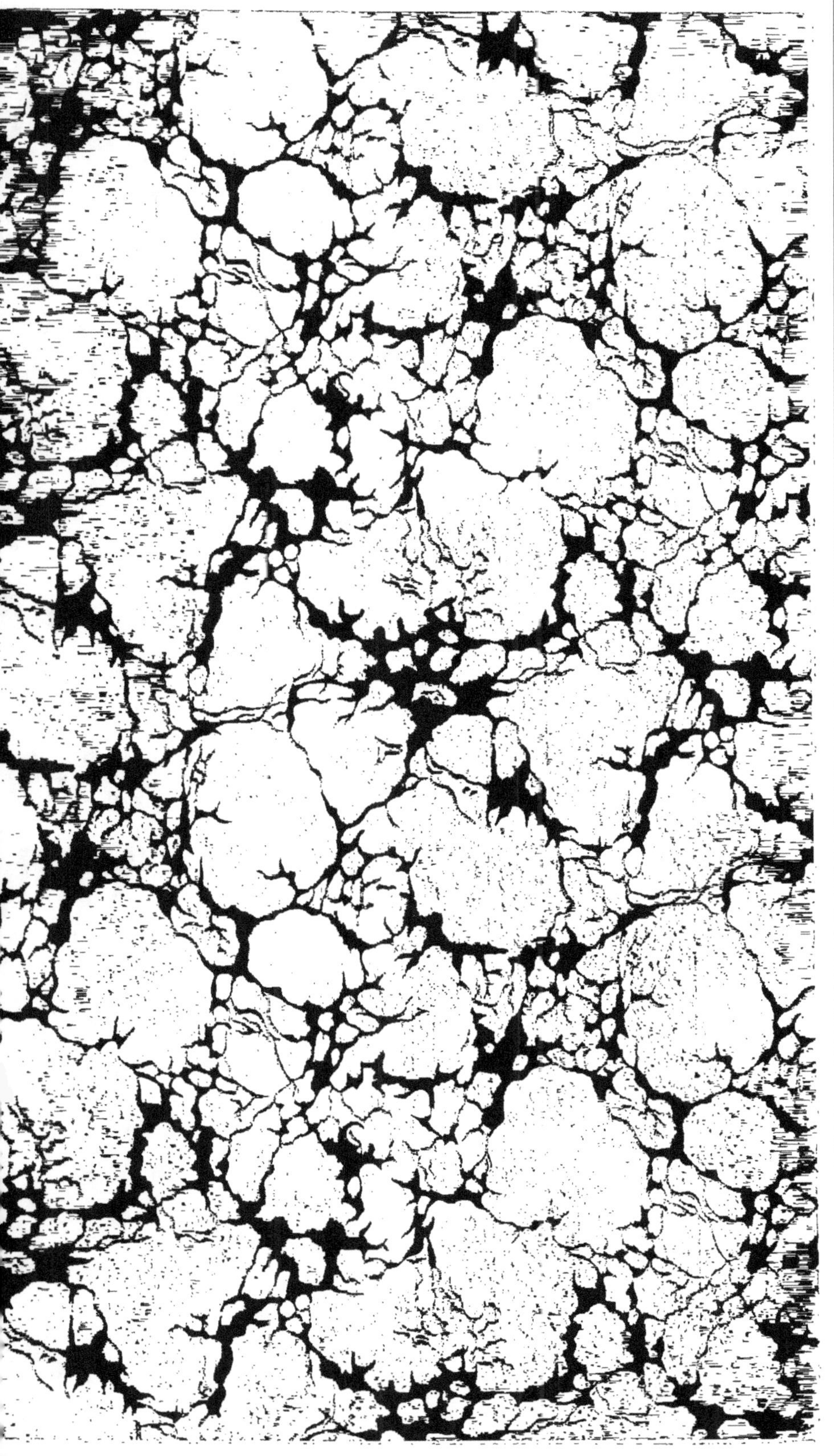

D.MANNE

# ...RINE DE SÉGUR

EN RELIGION

## SŒUR JEANNE-FRANÇOISE

PAR

## LE COMTE ANATOLE DE SÉGUR

CONSEILLER D'ÉTAT

> « On ne met pas la lumière
> sous un boisseau, mais sur le
> candélabre, pour qu'elle brille
> aux yeux de tous... »
> *Évangile de St-Matthieu.*

NOUVELLE ÉDITION

PARIS

LIBRAIRIE SAINT-JOSEPH

## TOLRA, LIBRAIRE-ÉDITEUR

68, RUE BONAPARTE, 68

# SABINE DE SÉGUR

EN RELIGION

SŒUR JEANNE-FRANÇOISE

IMP. EUGÈNE HEUTTE ET C<sup>ie</sup>, A SAINT-GERMAIN.

# SABINE DE SÉGUR

EN RELIGION

## SŒUR JEANNE-FRANÇOISE

PAR

### LE COMTE ANATOLE DE SÉGUR

> « On ne met pas la lumière sous un boisseau, mais sur un candélabre, pour qu'elle brille aux yeux de tous... »
>
> *Évangile de St Matthieu.*

HUITIÈME ÉDITION

—◦—

PARIS

LIBRAIRIE SAINT-JOSEPH

TOLRA, LIBRAIRE-ÉDITEUR

68, RUE BONAPARTE, 68

1873

Tous droits réservés.

# DÉDICACE



AUX RELIGIEUSES DU SECOND MONASTÈRE

DE LA VISITATION SAINTE-MARIE, A PARIS

C'est à vous, mes sœurs, que je dédie cette histoire de celle qui fut votre sœur comme la mienne. La mort n'a fait que resserrer les liens qui unissent sa famille à la vôtre. C'est sous vos yeux qu'elle a passé les dix dernières années de sa vie, c'est au milieu de vos prières et de vos larmes qu'elle s'est endormie dans le saint baiser du Seigneur, et la paix qu'elle a trouvée dans votre cloître, les joies spirituelles et les ravissements qu'elle y a goûtés, ont été pour elle la première récompense des vertus qu'elle avait exercées dans le monde, et comme les prémices du Paradis.

En écrivant l'histoire de ma sœur dont les

souvenirs se mêlent pour laplus grande partie de
son existence, à ceux de ma famille, j'ai tâché
de n'oublier jamais que si c'est un droit et même
un devoir de louer les morts par le récit de leurs
œuvres, il n'est ni convenable ni chrétien de
louer les vivants. Je me suis attaché autant que
possible à ne parler que de celle que nous pleurons ensemble. C'est à elle que je confie le soin
de parler à Dieu de vous, de moi-même et de
tous ceux qu'elle a aimés sur la terre.

Les Nouettes, 1869.

# SABINE DE SÉGUR

## CHAPITRE PREMIER

C'est avec une émotion mêlée de douceur que je prends la plume pour retracer les traits chéris de la sœur qui nous a quittés, et que, remontant jusqu'au début de sa vie, j'entreprends de redescendre avec elle le cours paisible et charmant de cette existence si vite parcourue, si saintement remplie, si prématurément terminée. En jetant les yeux sur ces jours écoulés, il me semble que c'est mon propre passé que je regarde : je m'attendris au souvenir des joies, des tendresses, des vertus dont le voisinage fut si doux et si salutaire à mon âme. Mais, quand je me rappelle la simplicité de son aimable enfance, la sérénité constante de sa foi, la générosité de ses œuvres, l'énergie de son amour et de son sacrifice, je sens trop que c'est sa vie et non pas la mienne que je raconte.

Si cette simple histoire touche quelques âmes, fait couler quelques larmes pieuses, met une prière sur des lèvres déshabituées à invoquer Dieu, si ces pages, miroir effacé de ce qu'elle fut, contribuent pour leur petite part à faire aimer celui dont elle fut elle même le miroir lumineux et vivant, j'ai la confiance qu'elle me saura gré d'avoir continué son œuvre en faisant un peu de bien avec son souvenir. Cet écrit, d'ailleurs, est moins une biographie que le portrait d'une âme. Je le présente avec simplicité à ceux qui pensent encore qu'une âme forte et douce, ardente et pure, est ce qu'il y a de plus intéressant à étudier, de meilleur à contempler, de plus divin à aimer en ce bas monde.

Sabine-Félicité de Ségur naquit le 12 mars 1829 au château des Nouettes, dans le département de l'Orne, en Normandie. C'est là qu'étaient nés la plupart de ses frères et sœurs, et que devaient s'écouler les plus heureuses années de sa vie, avant son entrée au couvent. J'étais bien jeune alors, je n'avais pas six ans, et cependant j'ai gardé le souvenir très-présent du jour et de l'heure où ma sœur Sabine vint au

monde. On l'apporta dans la chambre où nous
étions à jouer. Elle était à peine dans son berceau, que mon père entra précipitamment et
nous dit : « Vous avez une autre sœur ! » L'accent ému de mon père en prononçant ces paroles vibre encore à mon oreille.

Un instant après, on apporta la nouvelle compagne que Dieu nous envoyait. La ressemblance
des deux enfants était si complète que, pour les
distinguer, on dut attacher un ruban à la bras-
sière de l'une d'elles. Nous nous amusions dans
leur enfance à les tourmenter à ce sujet. Nous
leur disions que dans la confusion des premières
heures, elles avaient certainement été changées
de berceau, que Sabine était peut-être Henriette,
et réciproquement. Ces plaisanteries ne laissaient pas que de les inquiéter un moment :
puis, elles se mettaient à rire et en prenaient
bravement leur parti. Elles s'aimaient si tendrement et s'identifiaient tellement l'une à l'autre que la pensée de cet échange était pour elles
un charme et un lien de plus.

Cette ressemblance, dont je n'ai jamais ren-
contré d'autres exemples, dura, sans s'altérer,
jusqu'à leur entrée dans le monde. Hors leurs
parents et nous, personne ne les pouvait distinguer, et si plus tard leur taille et leur tournure

devinrent fort différentes, leurs traits, leur physionomie et le son de leur voix restèrent jusqu'à
la fin presque identiques.

On les ondoya le jour même de leur naissance. La cérémonie du baptême n'eut lieu
qu'aux vacances suivantes, au mois d'août, dans
l'église d'Aube, au milieu du concours de la
population. Tandis que la cloche sonnait à
toutes volées, la pluie traditionnelle de dragées
et de menue monnaie tombait sur les enfants
du village. Je fus le parrain de Sabine, notre
grand'mère maternelle fut sa marraine. Ce lien
spirituel, ajouté à celui du sang, m'unit toujours intimement à ma sœur.

Quant à la tendresse des deux sœurs jumelles
et à leur ressemblance morale, rien n'en saurait donner l'idée. Elles semblaient n'avoir
qu'une intelligence et qu'un cœur, comme si
Dieu eût partagé entre elles une seule âme. Elles
avaient souvent à la même minute la même
pensée, et s'interrompaient ou disaient la même
chose en même temps avec une similitude
d'expression et une vivacité de parole qui
nous faisaient sourire en les écoutant. Elles
riaient elles-mêmes de tout leur cœur et leur
conversation s'achevait dans un baiser. Quand
elles s'embrassaient, on croyait voir un en-

fant embrasser son image dans un miroir.

Elles avaient dix-huit mois quand la Révolution de juillet éclata. Un épisode du départ du roi Charles X se mêle dans ma pensée au souvenir de celle que je pleure et dont je raconte l'histoire. Le château des Nouettes est situé près de la grande route de Paris à Cherbourg : le parc s'étend jusqu'à cette route par une longue prairie. Un matin, comme nous étions à jouer dans cette prairie, nous vîmes arriver un nombreux cortége, des voitures attelées de six chevaux, escortées par des troupes. C'était le roi Charles X qui poursuivait lentement son voyage jusqu'à Cherbourg où il devait s'embarquer pour l'Angleterre. Il avait couché la nuit précédente au château de Laigle, et s'en allait d'étape en étape vers le lieu de son exil.

Ce dernier passage du dernier roi de France me frappa vivement. Un des officiers généraux qui escortaient le Roi s'arrêta un moment pour causer avec nous, et caressa nos sœurs dont la ressemblance l'étonna. Peut-être le vieux Roi lui-même, en voyant ces enfants, qui sans comprendre le regardaient passer, leur jeta-t-il un sourire, dernier et triste rayon de ce noble soleil couchant. Ce défilé à pas lents, sorte de convoi funèbre de la plus ancienne des monarchies, était empreint de tristesse et de majesté. Ce n'était pas ne fuite, c'était un départ et un départ de roi. Depuis, hélas! en Europe comme ailleurs, on a vu des rois et des princes partir autrement..

L'enfance de Sabine s'écoula dans l'innocence, la paix et le travail. Comme toutes les histoires heureuses, l'histoire de cette première période de sa vie est courte et peut se résumer en quelques mots. Dès l'âge de six ans, elle travailla et apprit beaucoup. Huit mois passés chaque année dans la joie, l'air pur et les jeux vivifiants de la campagne compensaient pour elle la fatigue résultant des longues heures consacrées à l'étude. Elle montra, dès l'enfance, une intelligence vive, un esprit enjoué, plein de naturel et de saillies, beaucoup de douceur, une grande tendresse de cœur, et par-dessus tout cette simplicité parfaite, la plus aimable des qualités, qui fait valoir toutes les autres, et qui, jusqu'à la fin, répandit sur toute sa personne un charme inexprimable.

Rien ne faisait prévoir, dans ces premières années de sa vie, qu'elle dût s'élever un jour à l'éminente piété qui fit d'elle un ange dans le monde et une sainte au monastère. Jusqu'à sa première communion, elle fut pieuse, comme toutes les jeunes filles bien élevées ; mais nulle marque d'élection ne la distinguait de ses sœurs ni de ses amies. Elle montrait même des instincts précoces de maternité qui auraient pu faire croire qu'elle suivrait un jour la destinée commune du mariage. Une des grandes occupations de sa première jeunesse, son jeu le plus cher, je pourrais dire son unique passion, fut le soin des petits enfants. Les soins qu'elle donnait alors au corps de ces chétives créatures, elle devait plus tard les donner à leur âme.

A quelques minutes de distance du château des Nouettes, habitait une vieille paysanne, qui faisait profession de prendre des nourrissons et de les élever au biberon. En Normandie, pays des gras pâturages, contrée toute découlante de lait, sinon de miel, les nourrices sont presque inconnues. On nourrit les enfants avec le lait de vache, et c'est ainsi que Sabine elle-même fut élevée. Les deux jumelles prirent insensiblement l'habitude d'aller tous les jours visiter leur vieille voisine ; elles finirent par y passer tout le temps de leurs récréations. Elles apprirent peu à peu à soigner ces pauvres petits, à les habiller, à les bercer, à les aimer : elles les aimèrent d'abord comme des poupées, puis bientôt comme des enfants. En grandissant, ceux-ci apprirent de leur côté à les reconnaître et s'attachèrent à elles de toute la force de leurs petites âmes. Quand elles arrivaient, c'étaient des cris de joie, des bras tendus, des caresses et des baisers ; quand elles partaient, il y avait souvent des larmes et des trépignements de pieds. L'hiver à Paris, elles travaillaient pour leurs chers nourrissons, leur faisaient des vêtements, et se formaient ainsi en se jouant à la pratique de la charité.

C'était un type curieux, disparu aujourd'hui, que celui de la vieille paysanne chez qui ma sœur passa tant d'heures chaque jour pendant les premières années de sa jeunesse. Elle était grande, maigre, d'une taille droite, noble, presque majestueuse. Son visage avait gardé dans sa vieillesse les traces d'une beauté régulière : elle semblait une grande dame sous ses pauvres habits de villageoise. Son langage était vif, pittoresque, plein d'images. Avec une facilité et un bonheur incroyables, elle inventait des mots pour mieux rendre ses idées. C'était là d'ailleurs un des caractères du langage des paysans, quand il y avait encore des paysans, caractère qui s'est perdu avec tant d'autres traits aimables et originaux, depuis qu'aux champs comme aux villes, il n'y a plus que des ouvriers.

La patience de la bonne vieille envers ses nourrissons qu'elle aimait à la passion, ne se démentait point, et n'était surpassée que par celle de son mari. Ce brave homme, à moitié infirme, faisait le sujet de notre admiration quotidienne. Il aidait sa femme dans tous les soins du ménage. La nuit, quand elle était trop lasse, il se relevait pour elle, apaisait et berçait les enfants réveillés. Toujours paisible et souriant au milieu des cris et des pleurs, de la bouillie et des langes de ces marmots, jamais il ne faisait entendre une plainte. J'espère et je crois fermement qu'à ce dur métier si vaillamment rempli et si peu rétribué, ces braves gens ont gagné leur paradis.

Parmi les enfants qui passèrent ainsi sous les yeux et dans les bras de ma sœur, il en est deux qu'elle aima d'une tendresse toute spéciale. L'un est mort peu de mois avant elle, et comme elle de la poitrine. C'est le plus heureux, car il s'est endormi dans la paix du Seigneur. L'autre était en prison quand elle mourut. Arraché de bonne heure à la salutaire influence de la vie de campagne et à l'affection tutélaire de ses jeunes protectrices, il fut repris, corrompu, dévoré par la vie de Paris. S'il fût demeuré aux champs, il y eût sans doute vécu libre, laborieux, content, et il eût pu donner à la mémoire de celle qui avait tant soigné et aimé son enfance, une larme pieuse et des regrets sans amertume !

C'est dans ces innocentes occupations que s'écoula l'enfance de Sabine. Elle étudiait avec courage, elle jouait avec ardeur, elle aimait avec cette tendresse expansive dont la source, au lieu de s'épuiser avec les années, jaillissait toujours plus abondante du fond de son âme. Sa sœur jumelle doublait en quelque sorte les puissances et les douceurs de sa vie, et la bonté de la meilleure des mères présidait à son heureuse enfance. Comme une plante des champs, simple et saine, elle croissait à l'air salubre de la campagne. Elle allait et venait avec ses sœurs dans le parc, courant en toute liberté par les prairies et par les bois, comme font les petites paysannes, montant même aux branches des grands sapins, et puisant au contact fortifiant de la nature cette santé de l'âme et du corps que l'air des villes est si prompt à altérer.

Mais entre tous ces jours heureux qu'elle passait au pays natal, les plus beaux pour elle étaient ceux des vacances. Les vacances. mot magique qui remplit de rayons les yeux des

enfants, qui remplit de douces larmes les yeux
des mères, et qui réveille dans les âmes sorties
de la jeunesse et gravitant vers les sommets
dénudés de la vie, des souvenirs mêlés de larmes
et de rayons ! Quand les jeunes filles attentives
et impatientes à la barrière du parc, voyaient
enfin la voiture qui amenait leurs frères apparaître au haut de la côte, au détour de la grande
route, quels cris de joie, quelle course préci-
pitée au-devant des voyageurs, quels transports
d'allégresse ! Comme on s'embrassait, comme les
têtes, les baisers se confondaient ! Comme on
parlait tous à la fois ! comme on se disait mille
et mille choses sans écouter, sans entendre,
pour le seul plaisir de répandre au dehors, par la
bouche comme par les yeux, les flots de joie qui
remplissaient le cœur ! Avec quel enchantement
nous reconnaissions chacune des allées, chacun
des arbres du parc, chacune des briques de la
maison paternelle ! Et quelle pure ivresse les premiers soirs, de s'endormir en vacances, de se
réveiller en vacances les premiers matins ! O
charme des jours passés ! ô joies que rien
n'égale plus tard et que rien ne remplace !
Votre souvenir ne fait que croître dans l'âme
à mesure qu'on s'éloigne de vous, comme les
ombres s'allongent sur l'herbe de la prairie,

à mesure que le soleil baisse vers l'horizon.

Hélas ! ce nid joyeux où personne ne manquait en ces premiers temps que je raconte, où chacun répondait à l'appel de tous, ce nid peu à peu s'est dépeuplé. Une nouvelle génération y chante à son tour, entre celle d'hier et celle de demain. De tous ses heureux hôtes, Sabine s'est envolée la première pour l'éternelle patrie. C'est justice : elle était la plus pure et la meilleure, elle devait retourner avant les autres à cette maison paternelle dont celles d'ici-bas ne sont que l'imparfaite et passagère image.

# CHAPITRE II

La première communion est une époque importante dans toutes les existences. Dans celle de
Sabine, ce fut un acte décisif. Il donna à sa vie
une direction qu'elle suivit toujours avec une
admirable fidélité. Depuis ce jour, l'amour vivant
et immortel s'empara de son cœur et ne le quitta
plus, et elle put dire en toute vérité avec l'apôtre :
« Ce n'est plus moi qui vis, c'est Jésus-Christ
qui vit en moi. »

Elle se prépara à cette grande action avec un
soin extrême et une délicatesse de conscience qui
ne tarda pas à dégénérer en scrupules. Elle suivait
les catéchismes, si bien dirigés dès cette époque,
de la paroisse de Saint-Thomas-d'Aquin, faisait
à la suite de chaque instruction de longues ana-
lyses auxquelles, contrairement à l'usage, elle tra-
vaillait seule, et dirigeait toutes ses pensées,
toutes les forces de son intelligence et de son
cœur vers cet acte premier et suprême de la vie
chrétienne.

La retraite préparatoire à la première communion fut pour elle ce qu'elle devrait être pour tout le monde, l'avant-goût du festin céleste et comme le vestibule du paradis. Par les exercices extérieurs, et plus encore par le mouvement intérieur d'une forte volonté et d'un grand amour, elle sortit du monde, de la famille, d'elle-même pour se préparer à entrer en Dieu. Qu'on me pardonne un souvenir personnel qui, lorsqu'il me revient à l'esprit, me remplit encore d'émotion. La veille du grand jour, je la vis entrer dans ma chambre. Elle se jeta dans mes bras en me disant : « Pardonne-moi ! » et fondit en larmes. Je ne pus retenir les miennes, et je lui dis : « Prie pour moi ! » Si je m'étais écouté, je me serais mis à genoux devant elle. Elle avait été une des joies les plus pures de ma jeunesse, je ne crois pas que jamais elle eût causé à aucun de nous l'ombre d'une peine, même involontairement : c'était un ange de douceur et de bonté, et elle me demandait pardon avec la naïve humilité et le repentir attendri d'une pécheresse. Depuis que Jésus-Christ, la sainteté éternelle et substantielle, est mort pour les péchés du monde, l'Église établit ainsi un divin système de compensation entre les innocents qui pleurent sans avoir péché, qui demandent pardon sans avoir offensé,

et les coupables qui devraient le faire et qui ne
le font pas.

Sabine fit sa première communion à Saint-
Thomas-d'Aquin, le 12 mai 1842 ; la place, où
elle s'agenouilla pour recevoir son Dieu, lui
resta toujours chère ; elle m'en parla plus d'une
fois, et son émotion fut vive et joyeuse quand elle
apprit que, vingt ans plus tard, par une gracieuse attention de la Providence, mes deux fils,
ses neveux, avaient accompli le même acte
exactement à la même place : heureux s'ils l'ont
accompli avec la même ferveur et dans les mêmes
sentiments !

Elle conserva jusqu'à ses derniers jours un souvenir si vivant de sa première communion qu'elle
n'en pouvait parler sans émotion. Six mois avant
sa mort, elle redisait aux religieuses de la Visitation, ses compagnes : « Je ne puis pas dire à
quel moment j'ai reçu l'appel de Dieu et la grâce
de ma vocation, mais je crois bien que ce fut à
ma première communion. Je ne fis pas le vœu de
chasteté, mais c'était bien cela que je promet-
tais, je voulais n'aimer que Notre-Seigneur, et
j'étais si heureuse ! »

On peut dire que pas une première communion ne se faisait dans sa famille ou dans sa
communauté, sans qu'elle s'y associât par ses

ardentes prières, ses conseils et ses larmes. Elle
suivait même de la pensée et du cœur les premières communions des diverses paroisses de
Paris. « Aujourd'hui, disait elle, c'est dans telle
ou telle église que Dieu se donne à ces pauvres
enfants! » Elle excitait vivement ses sœurs à
prier pour eux, et l'on voyait, à l'expression de
son visage, qu'elle tournait toute son âme du
côté de ces chers petits privilégiés du bon Dieu,
et qu'elle s'unissait à eux dans un profond sentiment d'amour.

Voici ce qu'elle écrivait à une de ses nièces
qui se préparait à cette grande action :

« ..... Tu ne sais pas, ma chère enfant, combien je suis occupée de toi : quelquefois, en
priant pour toi et pour ta première communion,
les larmes me viennent aux yeux tant je désire
que tu sois vraiment toute au bon Dieu.....
Rappelle - toi bien que ce n'est pas par l'esprit ni
par l'imagination qu'on aime Dieu, mais par les
actions et par la volonté..... Il faut beaucoup
prier et penser souvent à ce bon Dieu qui a voulu
se faire homme, et demeurer avec nous sur la
terre pour nous servir de modèle. Pense à sa douceur quand tu as envie de te mettre en colère;
pense à son obéissance quand tu as de la peine à
céder; pense à sa bonté pour les hommes si mé-

chants pour lui quand tu sens que tu as de la
peine à supporter la mauvaise humeur des autres; pense enfin à l'amour qu'il avait pour la
sainte volonté de son Père, et dis-toi que pour
lui être agréable, il faut, autant que possible,
ressembler à ce divin Jésus, modèle des enfants
comme de tout le monde..... C'est ainsi que tu
aimeras Notre-Seigneur, et que tu te prépareras
à le recevoir au jour de ta première communion. »

Une des compagnes d'enfance de Sabine qui
demeura jusqu'à la fin son amie, et qui, par une
voie bien différente, arriva à aimer Dieu comme
elle, l'a dépeinte, dans les termes qui suivent, à
ce moment décisif de sa vie : « J'avais des amies
aimantes, intelligentes, sympathiques comme
Sabine; mais Sabine était plus que tout cela :
c'était un ange. Son sourire contenu, sur son
front je ne sais quoi de sérieux où la joie de
l'enfance était unie à une précoce gravité, inspirait déjà la vénération. Je ne me rendais pas
compte alors de la cause de cette impression
qu'elle faisait sur moi. Cette cause, c'était Dieu,
ou pour dire comme elle, *son Jésus* qui parlait à son cœur, la rappelait incessamment au
dedans d'elle-même, et contenait si bien
toutes ses joies que je n'ai pas le souvenir de

l'avoir vue une seule fois entraînée par elles. »

Ce sentiment constant de la présence de Dieu n'enlevait à Sabine aucun des charmes, aucune des expansions de la jeunesse. Jusqu'à la fin de ses jours, elle illumina des rayons de sa douce et franche gaieté tous ceux qui vivaient dans son intimité, et nulle mieux qu'elle ne prouva que la plus joyeuse amabilité est compatible avec la piété la plus ardente et la plus tendre dévotion. Il y a même entre la gaieté et l'innocence d'une âme pieuse une affinité naturelle et charmante ; l'une sort de l'autre comme le fruit de la fleur, comme le rayon du soleil. L'esprit original et fin de Sabine, ses vives et gracieuses saillies, sa naïveté d'enfant répandaient autour d'elle l'allégresse, et son rire éclatant et limpide jaillissait de son cœur, et montait au ciel comme une action de grâces et une prière.

Elle était aussi simple que spirituelle : je n'en veux donner qu'une preuve singulière et touchante. Un de ses frères s'étant amusé à lui dire et à lui répéter par manière de plaisanterie qu'elle était ce qu'on appelle dans le langage du monde une *bonne personne*, c'est-à-dire dépourvue d'esprit, finit par lui palper les bosses de la tête, et lui déclara gravement qu'elles décelaient un manque absolu d'intelligence. Elle s'étonna

de cette découverte, s'en affligea, et tout d'abord
le crut. Quoi qu'il lui en coûtât beaucoup de renoncer à l'esprit qu'elle croyait avoir, elle fit de
bon cœur ce sacrifice à Dieu, et lui dit dans toute
la simplicité de son âme : « Eh bien ! mon Dieu,
je vous offre de n'être qu'une bête, pourvu que je
vous aime ! » Ce ne fut que plus tard, ajoutait-
elle naïvement en racontant cet incident de sa
jeunesse, qu'elle reconnut qu'elle n'avait pas
moins d'esprit que d'autres.

Par une contradiction étrange, cette âme si
simple fut longtemps tourmentée par des scrupules, et si elle finit par s'en débarrasser, ce ne
fut que par l'obéissance et l'humilité.

Dans les années qui suivirent sa première
communion, cette excessive délicatesse de conscience fut pour elle une source de cruelles
épreuves. Au moment d'approcher de la sainte
Table, elle était assaillie par une foule de pensées
folles qui la retenaient comme par les plis de sa
robe, et semblaient devoir la clouer sur son prie-
dieu. Mais l'amour de son Jésus, son désir de
la divine Eucharistie, étaient si violents, qu'ils
la poussaient en avant malgré tous ses scrupules. Dès que le corps et le sang du Seigneur
avaient touché ses lèvres, le calme revenait
dans son âme, une paix céleste s'emparait

de tout son être, et cette communion si désirée
et si redoutée à la fois s'achevait dans un pur et
profond ravissement.

Il lui arrivait souvent, avant la messe, d'aller
à la sacristie chercher un prêtre pour lui exposer ses troubles de conscience et lui demander des
conseils. Un jour, elle revint riant aux larmes, et
presque guérie ; elle nous raconta qu'elle s'était
adressée par méprise à un chantre dont le surplis
l'avait trompée. L'étonnement de ce brave homme,
son air stupéfait, puis moqueur, et sa réponse
un peu brutale l'avaient couverte de confusion.
Cette fois ses scrupules y restèrent et cette petite
aventure, dont elle riait encore plus de vingt ans
après, lui fut une profitable leçon. Une direction
intelligente à laquelle elle se soumit simplement, acheva de la guérir de cette douloureuse
maladie, qui ne reparut plus que par moments
et sous d'autres formes ; elle en conserva, avec
un souvenir reconnaissant envers Dieu qui l'en
avait délivrée, le désir de préserver des mêmes
épreuves les âmes que leur délicatesse semblait
y incliner. Après sa mort, on trouva dans sa cellule un recueil manuscrit des passages les plus
frappants des auteurs spirituels qui ont écrit sur
les scrupules, sur les moyens de les combattre
ou de les prévenir.

**Au** moment où Sabine commençait cette vie nouvelle que lui avait ouverte sa première communion, un autre grand acte s'accomplissait à ses côtés. Ce n'était pas Abraham offrant à Dieu son premier-né ; c'était le premier-né lui-même qui s'offrait à Dieu par un sacrifice volontaire. L'aîné de ses frères, attaché d'ambassade à Rome, peintre déjà distingué à vingt-deux ans, abandonna les promesses et les séductions de son art et les espérances d'un brillant avenir, pour se consacrer tout entier à la gloire de Dieu et au salut des âmes. Ses parents accueillirent cette résolution avec des larmes résignées, qui plus tard se changèrent en actions de grâces. Heureuses les familles auxquelles le Seigneur envoie cette grande bénédiction qu'on appelle une vocation sacerdotale ou religieuse ! Heureuses les nations dans lesquelles toutes les familles compteraient une bénédiction de ce genre ! Sabine, dont l'âme était déjà tournée du côté des choses divines, se dit-elle dès ce moment qu'elle suivrait un jour la même voie que son frère ? Dans la vocation du prêtre, entrevit-elle l'image de la vocation de la religieuse ? Elle ne l'a pas dit, et je l'ignore. Mais il est certain que ce grand événement de famille lui fit une impression profonde, et qu'au contact de cette âme chère et bénie, elle sentit croître en elle la flamme du saint amour.

Dès lors, et quoique âgée de quatorze ans à peine, elle avait un incroyable besoin de prier. Souvent, elle quittait ses jeux et ses compagnes pour aller se recueillir dans la solitude et dans la présence de Dieu. Ses amies ne comprenaient pas cet attrait surnaturel pour la méditation et la prière, et lui reprochaient en riant les exagérations de sa piété. C'est vers cette époque qu'elle dit à l'une d'elles, non pas qu'elle se consacrerait directement à Jésus-Christ, mais qu'elle ne se marierait pas, et qu'elle se réservait pour être la gouvernante de son frère. Je ne crois pas qu'à partir de ce moment, l'idée du mariage soit entrée dans aucun de ses plans d'avenir.

On ne peut aimer Dieu sans aimer les pauvres, ceux que, dans son sublime langage, l'Église appelle les membres souffrants de Jésus-Christ. La bonté naturelle de Sabine la portait déjà vers ces déshérités de la fortune et des joies du monde. La foi fit d'elle leur amie, en attendant qu'elle devînt leur sœur et leur servante. Elle commença dès lors à s'occuper de bonnes œuvres autant que sa jeunesse et sa dépendance de mille autres devoirs le lui permettaient. A Paris, elle s'appliquait à trouver des vêtements

pour les enfants pauvres du catéchisme de la paroisse. A la campagne, elle allait avec ses sœurs
porter des secours aux familles indigentes du
village. Elle fit plus, et entreprit une œuvre excellente qu'elle poursuivit pendant plusieurs années avec une touchante persévérance.

Dans un hameau voisin du château des
Nouettes habitaient un paysan et sa femme, qui
travaillaient pour vivre, comme chacun fait au
village. Ils avaient deux enfants, un garçon qu'ils
envoyaient à l'école, une petite fille qui n'y
pouvait aller, à cause d'une infirmité cruelle qui
la retenait au logis. La pauvre enfant, à la suite
de je ne sais quelle maladie, était restée para-
lysée des jambes.

Sabine, émue de compassion, allait souvent
voir la pauvre petite infirme et lui porter la consolation de sa présence et de son bon sourire. La
pensée lui vint d'en faire davantage, de lui tenir
lieu de l'école où elle ne pouvait se rendre, de
lui apprendre à lire, et de la préparer ensuite à
sa première communion. Elle se mit à l'œuvre
sans retard, et ne l'abandonna plus qu'elle ne
fût terminée. Pas un jour ne se passait sans
qu'elle allât donner à son élève sa leçon accou-
tumée. La science entrait difficilement dans la
tête de l'enfant, mais la reconnaissance entra

vite dans son cœur, et l'amour de Dieu y vint
bientôt aussi par le chemin de la reconnaissance.
Dans la servante de Jésus-Christ, elle reconnut
le divin Maître, elle l'aima, et les unit toujours
dans sa tendresse passionnée.

Aux leçons de lecture succédèrent les leçons de
catéchisme, données, expliquées et commentées
avec une ingénieuse bonté qui les rendait acces-
sibles à l'intelligence comme au cœur. Quand,
après plusieurs années de travail et de dévouement, Sabine eut ainsi formé l'âme de sa chère
petite protégée à la connaissance et à l'amour du
divin Sauveur, elle lui fit, avec ses sœurs, des
vêtements blancs pour parer son corps. L'heureuse infirme fut portée à l'église paroissiale
pour y faire sa première communion, et je ne
pense pas que Dieu soit jamais descendu, sous
les voûtes de l'humble chapelle, sur des lèvres
d'enfant plus pieuses et plus reconnaissantes,
dans une âme mieux préparée à recevoir le divin
Visiteur. Depuis, cette jeune fille demeura toujours pure, bonne et fervente chrétienne. Quelque chose de l'angélique douceur de Sabine
semblait avoir passé dans son cœur et sur son visage, et nul, parmi les bons habitants du village,
ne donna à la mémoire de sa bienfaitrice des
larmes plus sincères et des regrets plus profonds.

Au milieu de ses bonnes œuvres et d'études très-étendues et très-sérieuses, ma sœur consacrait un certain temps à la musique qu'elle aimait beaucoup et pour laquelle elle avait montré dès son enfance de grandes dispositions. Elle jouait du piano avec un vrai talent : de toutes ses distractions, c'était la plus chère. Plus tard, et longtemps avant son entrée au couvent, elle sacrifia ce goût, tout innocent qu'il fût, pour avoir plus de temps à consacrer à la prière et aux pauvres. Comme son frère avait abandonné la peinture pour se donner tout entier aux soins du sacerdoce, elle abandonna la musique pour se donner tout entière à Jésus-Christ et à ses membres souffrants.

Dans l'admirable tableau de sainte Cécile, chef-d'œuvre de Raphaël, la virginale patronne des musiciens est représentée debout, les yeux levés au ciel, écoutant dans une divine extase les concerts des anges. A ses pieds gisent les instruments de la musique profane, et l'instrument de la musique sacrée est près de s'échapper de ses mains. Ainsi, Sabine, foulant aux pieds les divertissements mondains, oubliait même les plaisirs les plus purs et les joies immatérielles de l'harmonie, pour contempler Dieu en lui-même ou dans la personne de ses pauvres.

Mais, à l'époque que je raconte, elle n'était pas encore arrivée à ce détachement des choses de la terre, et elle prenait un plaisir extrême à faire et à entendre de la musique. Docile aux conseils et à la direction de son excellente mère, elle accompagnait même volontiers ses sœurs dans le monde, et elle goûtait sans entraînement, mais sans répugnance, ce que ses plaisirs lui offraient de légitime. Dans ces temps si rapprochés encore et déjà pourtant si loin de nous, il y avait des soirées aimables et simples où les jeunes filles trouvaient des distractions d'autant plus douces qu'elles étaient plus innocentes. Les danses y étaient modestes, les toilettes sans prétention. La gaieté la plus franche présidait à ces réunions qui commençaient à huit heures du soir, finissaient avant minuit, et qui charmaient notre jeunesse sans fatigue pour le corps et sans danger pour l'âme. Sabine ne se faisait aucun scrupule de prendre sa part de ces aimables divertissements, et elle y plaisait plus que beaucoup d'autres, parce qu'elle y apportait plus de simplicité que toutes les autres ; les deux sœurs jumelles avaient toujours des toilettes absolument pareilles, et leur ressemblance était telle que leurs danseurs s'y trompaient continuellement. Elles s'amusaient à les mettre ou à les laisser dans l'embarras, se les renvoyaient de l'une à l'autre, et faisaient quelquefois des échanges dont seules elles avaient le secret.

Mais si Sabine goûtait ces plaisirs innocents de la jeunesse, elle ne se laissait jamais entraîner ni même distraire par eux de la pensée supérieure qui dominait sa vie. Voici le témoignage que lui rend l'amie que j'ai déjà citée, et qui, plus que tout autre, était à même de la juger :

« ..... Rien de ce qui nous enchantait et nous captivait ne l'obtenait tout entière, ni les jeux dans notre enfance, ni plus tard le monde et ses plaisirs. Elle y allait comme par devoir, sans souci de plaire, de briller par quoi que ce soit. Je ne crois pas qu'elle ait jamais perdu le sentiment de la présence de Dieu dans ce que nous appelions le bal le plus amusant. C'est la pure vérité, et rien ne m'a moins étonnée que de revoir plus tard, couvert d'un voile religieux, ce front qui avait porté des fleurs avec tant de simplicité, d'oubli de soi-même, j'oserais dire avec tant d'édification..... »

La jeunesse de ma sœur, quoique toute pure et lumineuse, ne fut pas exempte d'épreuves. Toutes les existences, tous les âges ont leurs ombres, et les périodes de la vie qu'on appelle heureuses, sont celles où les ombres ne sont pas

assez fortes pour étouffer tous les rayons.
Sabine eut, dès son enfance, la vue très-délicate :
elle dut subir plus d'une fois des traitements pénibles, et, quoique rien ne fît prévoir alors la
gravité que ce mal devait prendre plus tard, il
fut pour elle une cause précoce de préoccupations et d'ennuis. Notre bonne mère, qui fut toujours le centre et l'âme de sa nombreuse famille,
fut atteinte d'une maladie cruelle qui pendant
plusieurs années menaça sa vie, et ne cessa que
vers l'époque où ses filles commencèrent à aller
dans le monde.

Enfin, vers cette même époque, Sabine vit
pour la première fois mourir des personnes
qui lui étaient chères. Au mois de janvier
1847, sa grand'mère paternelle, la comtesse de
Ségur, arrière-petite-fille du chancelier d'Agues-
seau, quitta ce monde après de longues souffrances pieusement supportées. Son dernier mot
fut plein d'humilité chrétienne. Son petit-fils lui
disait pour l'encourager à la mort : « Eh bien !
ma mère, vous allez donc voir le bon Dieu ! »
Elle répondit doucement : « Je l'espère, mais je
n'en suis pas digne ! » La même année, au mois
d'août, les deux sœurs jumelles virent mourir
sous leurs yeux et dans leurs bras la bonne qui
les avaitsoignées dès leur naissance, qui ne les

avait jamais quittées et qu'elles aimaient très-
tendrement. C'était une fille excellente et dévouée
que cette pauvre Adèle, enfant du village, qui
avait vieilli sous notre toit tandis que nous gran-
dissions. Nous étions sa famille et toute sa joie
en ce monde ; mais les jumelles étaient ses deux
préférées. Comme tous les domestiques et comme
tous les maîtres, elle avait ses moments de mauvaise humeur. Alors elle grondait à temps et à
contre-temps ; puis, voyant que nous ne faisions
que rire de ses gronderies, elle finissait par en
rire avec nous. Quand nous étions tout à fait
insupportables, elle nous disait parfois : « Je
vais chercher votre père ! » Et elle sortait de la
chambre ; mais elle restait invariablement derrière la porte. Nous connaissions sa bonté et
nous attendions son retour avec une tranquillité
parfaite. Quand elle rentrait, on l'embrassait, on
la caressait, et tout était oublié. Elle était un peu
vindicative, comme étaient alors les Normands,
(aujourd'hui, il n'y a plus de Normands, il n'y a
que des Français, et les choses n'en vont pas
pas mieux), et le pardon des injures lui coûtait
plus qu'il ne coûte à nos légers Parisiens. Mais
ce défaut, qu'elle laissa heureusement du bon
côté du tombeau, ne s'adressa jamais à aucun de
nous ; elle nous aimait trop, nous l'aimions trop

no s-mêmes, pour que nous pussions l'offenser.

Elle mourut au château des Nouettes, préparée à la mort par le prêtre et la sainte de la famille, entourée de nos soins, consolée à sa dernière heure par la pensée certaine qu'elle laissait derrière elle des larmes, des prières et de longs souvenirs. Quand Sabine fut atteinte comme elle de la maladie de poitrine qui en dix-huit mois la conduisit au tombeau, elle sentit ces souvenirs se réveiller plus vivants que jamais dans son cœur, et le jour même de sa mort, elle pensa encore à sa vieille bonne et prononça son nom : « Pauvre Adèle, disait-elle, comme elle a dû souffrir ! » Le corps de cette bonne fille repose à l'ombre de l'église du village, dans le cimetière où l'avaient précédée les dépouilles mortelles des siens. Jusqu'à son entrée au couvent, Sabine ne manqua point d'entretenir fidèlement la croix de son tombeau et d'y porter chaque année des fleurs et des couronnes.

L'été de l'année 1848 fut un des derniers que la plupart des frères et sœurs de Sabine passèrent vaec elle dans cette chère campagne des Nouettes qu'elle aima tant jusqu'à la fin ; ce fut aussi un des plus beaux. Je n'ai pas souvenir d'une plus radieuse saison. Après les sanglantes journées de juin, un apaisement momentané s'était fait dans la politique : l'air semblait plus léger et plus pur, comme à la suite d'un violent orage. On eût dit que Dieu voulût faire participer la nature au calme des événements. Les jours étaient splendides et les nuits lumineuses.

Tous les soirs, pendant les mois de juillet et d'août, nous allions nous égarer, au hasard de la promenade, dans les grandes plaines qui entourent le parc des Nouettes. De ce plateau nous dominions toute la contrée, et nous contemplions avec une inépuisable admiration le coucher du soleil, toujours le même et toujours nouveau. Étendus sur l'herbe dans nos belles prairies normandes, nous devisions de toutes choses, tantôt sérieux et mélancoliques comme la beauté tombante du soir, plus souvent gais et rieurs. Nous chantions, nous récitions des vers, et là comme partout, Sabine apportait son large contingent de gaieté et de joie sereine. Puis, quand l'ombre des haies, couvrant toute la prairie, nous avertissait que le soir allait faire place à la nuit, nous regagnions paisiblement la maison, et nous refaisions, à la clarté des étoiles et de la lune naissante, le chemin que nous avions fait aux derniers feux du soleil.

A vingt ans de distance, ces soirées m'apparaissent encore comme une des joies les plus

pures de ma vie, et depuis que ma sœur a quitté
la terre pour le paradis, son image se mêle plus
vivante que jamais à ces souvenirs, et domine
tous les autres, comme celle d'un ange qui répandait sur nous la paix, la joie et la sérénité
des choses divines.

# CHAPITRE III

Pendant les années qui suivirent 1848, Sabine
continua sa sainte et paisible route, allant de
moins en moins dans le monde, allant de plus en
plus chez les pauvres. Comme un arbre vigoureux
qui tend toujours en haut, et qui donne à chaque
saison nouvelle des fleurs plus belles et des fruits
plus abondants, ses vertus croissaient avec ses
années.

A la fin de 1850, sa sœur jumelle se maria.
Sabine remercia le ciel de cet événement qui répondait aux désirs de sa sœur et qui assurait son
bonheur, et comme toujours, elle se sacrifia
joyeusement. Mais sous cette joie généreuse, il y
avait des larmes qu'elle ne confia qu'à Dieu. Le
mariage de sa sœur ne pouvait rien changer à
leur mutuelle tendresse; mais l'habitude de toute
sa vie, cette douce habitude d'être toujours ensemble, de ne se jamais quitter, de n'avoir en
quelque sorte qu'une seule âme en deux corps,
était à jamais brisée. Elle le comprit tout do

suite, en souffrit et en bénit Dieu. La séparation, du reste, fut aussi atténuée que possible par le dévouement admirable de son beau-frère, qui fut toujours pour elle le meilleur des frères. Il connaissait l'intime union des deux sœurs, il était digne de l'apprécier ; il fit tout pour qu'elle subsistât après son mariage comme avant.

Jusqu'alors, nos parents avaient pu croire qu'un jour peut-être Sabine se déciderait à se marier. A partir de ce moment, ils durent renoncer à cette espérance. Elle ne put supporter la pensée que son mariage à elle-même viendrait diminuer encore, non pas son immuable tendresse, mais ses relations avec sa sœur, et cette raison, s'ajoutant aux précédentes, changea son penchant déjà bien ancien en une résolution irrévocable. De ce jour elle eut deux demeures ; elle allait sans cesse de l'une à l'autre. Tout le temps qu'elle ne passait pas à adorer Dieu dans ses sanctuaires ou à le servir dans ses pauvres, elle le partageait entre ces deux maisons qui chacune avait tout son cœur. Un an après, la naissance d'une nièce vint ouvrir à son affection des horizons nouveaux, et l'on peut dire en toute vérité que l'heureuse petite fille eut deux mères.

Au commencement de 1852, le frère aîné de

Sabine fut nommé auditeur de Rote à Rome pour la France. Il fut décidé qu'elle irait l'y rejoindre avec sa mère et sa jeune sœur au milieu de l'automne. Sa jumelle devait les accompagner. Elle emportait donc avec elle la meilleure partie de son cœur. On peut juger de son ravissement! De toutes les choses de la terre, c'était peut-être la seule qu'elle désirât avec ardeur. Voir Rome et l'Italie, le pays des belles lumières, la patrie des saints amours, la terre des ruines immortelles et des immortelles espérances, respirer cet air imprégné de toutes les bénédictions de l'Église, de toutes les prières de l'humanité, fouler aux pieds ou plutôt baiser cette poussière qui recouvre les ossements des saints, ces pierres qui proclament le sacrifice et qui suent le sang des martyrs, réciter le symbole des apôtres sur le tombeau des apôtres, et courber devant le vicaire de Jésus-Christ une âme pleine de Jésus-Christ, c'était un rêve presque divin, et ce rêve allait devenir une réalité. Elle se prépara à ce voyage comme les pèlerins se préparaient autrefois à visiter la Terre sainte, et quand elle partit pour la Nouvelle Jérusalem, il lui sembla que c'était l'emblème et l'avant-goût du départ de son âme pour la Jérusalem céleste.

Le mouvement qui entraîne aujourd'hui vers

Rome les souverains et les peuples, ce mouvement providentiel et béni dont l'achèvemeut
des chemins de fer a tant activé le progrès,
commençait déjà à se manifester en Europe et
particulièrement en France. La sainteté per-
sonnelle du pape Pie IX, sa mansuétude plus
grande que la malice de ses ennemis, son énergie plus haute que ses malheurs, fixaient sur lui
tous les yeux, attiraient à lui tous les cœurs.
Chaque fidèle sentait au fond de son âme le
désir d'aller contempler les traits augustes et
recevoir la bénédiction de ce Roi, de ce Pontife,
de ce Père, qui unissait en sa personne la grâce
et la majesté, la force et la douceur, la tristesse
de la persécution et la sérénité de la victoire, et
qui, au milieu des pèlerins du monde entier,
représentait la ravissante image du Fils de Dieu
au milieu des petits-enfants d'Israël.

Octobre vint, le jour du départ arriva, et
Sabine partit la joie dans le cœur et l'action de
grâce sur les lèvres. La famille s'embarqua à
Marseille, et par un temps splendide, le bâtiment
fit voile pour Civita-Vecchia. Dès qu'elle se sentit
sur le navire d'où elle ne devait descendre que
pour prendre possession du territoire de l'Église,
de ce sol béni, héritage de tous les enfants de
Dieu, le ravissement commença pour elle et ne

la quitta plus jusqu'à son retour. La traversée
même ne lui laissa que de charmants souvenirs.
Elle ne pouvait se lasser de contempler cette mer
Méditerranée qu'elle voyait pour la première fois,
ces eaux bleues comme l'azur du ciel dont elles
reflètent les splendeurs, et cette majesté de l'O-
céan qui émeut les âmes les plus froides, et qui
dit mieux que toutes les choses humaines la
grandeur de la puissance divine.

Le soir, le charme s'accrut encore. Bien des
années plus tard, elle se rappelait avec émotion
cette nuit passée en pleine mer, alors qu'elle
voguait, comme entre deux firmaments, sur le
navire qui fendait sans bruit la face de la Méditerranée endormie, et qui l'emportait joyeuse vers
la ville éternelle. Le capitaine du bateau à vapeur
voulut en vain la faire rentrer dans sa cabine ;
en vain il lui représenta les dangers de la fraîcheur de la nuit et l'imprudence de ces longues
heures passées sur le pont d'un bâtiment : elle
n'écouta rien. « Dans ce temps-là, disait-elle
en souriant à ses compagnes de la Visitation, je
faisais ma volonté. » Elle demeura donc en
plein air jusqu'à une heure avancée de la nuit,
tout occupée de la grandeur de Dieu, contem-
plant les étoiles, écoutant le murmure des vagues
et doucement bercée par elles, comme un petit

enfant qui se laisse aller aux mouvements des
bras de sa nourrice et s'endort au bruit léger de
son chant. « Le calme de la mer, disait-elle
encore à ses sœurs, et la clarté sereine de la
lune me donnaient des pensées de paix et de
bonheur, dont les cris et les juremen ts même des
matelots ne pouvaient me distraire. »

Ce qu'elle éprouva en posant le pied sur le
territoire de l'Église, en apercevant pour la première fois la coupole de Saint-Pierre, et, un peu
après, quand elle put se dire :« Je suis à Rome ! »
je n'essaierai pas de l'exprimer. Plus tard, je l'ai
éprouvée comme elle, cette émotion de la terre
et du ciel, et ceux qui l'ont ressentie peuvent
seuls la comprendre. Je n'essaierai pas davantage de redire les sentiments que fit naître en
son cœur la vue du Saint-Père et des merveilles
de tout genre de la ville éternelle. En racontant
ici mes souvenirs, je raconterais certainement
aussi les siens ; mais c'est d'elle seule et
de ses impressions personnelles que je veux
parler.

Pendant les six mois qu'elle passa à Rome,
elle en vit, elle en comprit, elle en aima tout.
Les *Stanze* de Raphaël, sa Madone de Foligno,
la Transfiguration, le Christ au Tombeau de la
galerie Borghèse, enchantaient ses yeux et son

âme. Elle y revenait sans cesse, elle y demeurait le plus longtemps possible. Les ruines du Forum, le Colysée surtout, monument impérissable et étonnant de la puissance des Césars et de la toute-puissance de Dieu, avaient pour elle un attrait toujours nouveau et la jetaient dans de profondes méditations. La beauté de la campagne romaine, la majesté tranquille et triste de ses lignes légèrement ondulées, de ses longs aqueducs aux arches pendantes et interrompues, la touchaient plus encore. Après les impressions purement divines, ces impressions de la nature furent les plus vives qu'elle remporta de son séjour en Italie. Elle ne pouvait se lasser de voir et de revoir la voie Appienne, avec sa double rangée de tombeaux à demi détruits, où l'empreinte de l'orgueil humain survit à la poussière envolée de ceux qui les bâtirent, et qui parlent en même temps aux yeux, à l'intelligence et à la foi.

Mais il est une promenade aux environs de Rome qui lui laissa des souvenirs plus vivants, plus profonds encore, c'est celle du Monte-Mario. Au sommet de cette montagne, toute voisine du Vatican, s'élève une villa dont les allées de cyprès et les pins énormes se détachent vivement sur le bleu foncé du ciel. Quand parvenue à ce point culminant, où, d'après la tradition, la croix apparut à Constantin, Sabine aperçut l'incomparable panorama qui se déroulait autour d'elle, d'un côté des prairies à perte de vue, coupées de loin en loin par des ruines et des bouquets d'arbres verts, et terminées à l'horizon par la ligne étincelante de la mer, de l'autre, Rome tout entière à ses pieds, avec la coupole de Saint-Pierre assise dans sa majesté sur les murailles solennelles et sur les jardins du Vatican, plus loin la campagne romaine avec ses aspects sans pareils, ses troupeaux immobiles et sa ceinture de montagnes, elle fut saisie d'admiration et demeura longtemps plongée dans une contemplation muette. Mais quand le soleil, baissant vers l'horizon, allongea les ombres violettes sur la chaude verdure des prairies, illumina tout à coup les édifices et les hauteurs, et répandit sur toutes ces beautés un coloris plus ardent, quand le dôme et la croix de Saint-Pierre, la campagne, les ruines et les monts lointains de la Sabine s'embrasèrent de lueurs empourprées comme au reflet d'un immense incendie, son émotion n'eut plus de bornes ; elle tressaillit, un cri jaillit de ses lèvres et de ses entrailles : « Mon Dieu ! » et ses yeux se remplirent de larmes.

Le coucher du soleil contemplé du Monte-Mario resta dans sa mémoire comme le pendant de la nuit passée à bord sur le pont du navire qui l'amenait en Italie. Quand, dix ans après, j'allais à mon tour partir pour Rome, elle me rappela cette soirée incomparable, et me répéta plus d'une fois : « Surtout, n'oublie pas d'aller voir le coucher du soleil au Monte-Mario ! » Je n'eus garde d'y manquer, et je compris, à l'émotion que me causa ce spectacle, celle qu'elle avait ressentie et qu'elle m'avait si vivement racontée.

Les personnes étrangères à la foi, qui s'imaginent que l'amour supérieur des choses divines étouffe dans les âmes chrétiennes les amours et les admirations naturels, reconnaîtront, je pense, que ma sœur Sabine était le démenti vivant de cette appréciation si contraire à la vérité. La foi n'ôtait rien à son enthousiasme ; elle y ajoutait au contraire un élément divin : dans les merveilles de l'art et de la nature, elle lui faisait toucher et goûter ce Dieu bon et puissant que les incrédules n'y voient pas. Mais, si Sabine admirait avec l'énergie d'une âme simple et pure tout ce qui est beau et admirable dans les choses de ce monde, il est vrai que les œuvres où Dieu se manifeste plus directement et comme

sans intermédiaire agissaient plus fortement sur
son âme. Les beautés de Rome chrétienne la ra-
vissaient davantage que les ruines de la Rome
païenne, les chefs-d'œuvre de la Renaissance et
les magnificences de la campagne et de la lumière romaines. Ce fut dans les sanctuaires où
vivent les reliques et les souvenirs des vierges et
des martyrs, au pied des autels, sur les tombeaux, devant les chaînes et dans la prison
des apôtres, qu'elle versa ses larmes les plus
ardentes, qu'elle ressentit ses plus profonds
ravissements.

Il est dit dans l'Écriture qu'il faut garder le secret du roi. Sabine, fidèle à cette maxime, tint
soigneusement renfermé dans son cœur le mys·
tère des grâces que le divin Maître lui prodigua
pendant son séjour à Rome. Sa famille n'en connut jamais rien, et nul d'entre nous ne s'en douta
jusqu'au jour de sa mort. Mais alors ses compagnes du monastère, épouses comme elle de Jésus-Christ, rompirent le silence. Elles racontè-
rent ce que leur sœur leur avait confié dans les
épanchements du céleste amour, ce qu'elle avait
laissé échapper, comme malgré elle, de ses lèvres et de son âme, et d'après ces courtes et in-
volontaires révélations, il est aisé de comprcn-
dre de quelles grâces elle fut comblée durant ces

jours bénis passés dans la ville éternelle. Au pied
de l'autel de Sainte-Agnès, et surtout dans la
basilique de Sainte-Sabine, sa patronne, dans ce
sanctuaire tout embaumé encore des souvenirs
de saint Dominique et de saint François d'Assise, elle reçut des témoignages sensibles de la
présence et de l'amour du Dieu des vierges et
des martyrs, auquel elle avait donné tout son
cœur ; et c'est là qu'elle échangea avec Jésus-
Christ les paroles silencieuses mais profondes
qui lui unissent les âmes pour l'éternité.

Un jour, elle se laissa aller à raconter à une
des religieuses qu'elle aimait, des détails naïfs
et charmants sur une de ces matinées du Para-
radis où Dieu lui parla et la ravit hors d'elle-
même. Voici l'acte de vertu qui lui valut ce
qu'elle appelait cette grande visite de Jésus.
Toute la famille avait formé le projet d'une
excursion matinale aux environs de Rome. Or,
il arriva que le jour choisi pour cette partie de
plaisir se trouvait un de ceux où elle avait l'habitude de communier.

« Je me sentis troublée, dit-elle à la sainte
amie de qui nous tenons ce récit. Il s'éleva en
moi-même un grand combat. J'éprouvais une
peine extrême à sacrifier le bonheur de recevoir
mon bon Jésus pour une satisfaction d'un or-

dre inférieur. D'un autre côté, je désirais **vive**-
ment accompagner ma famille ; tous m'en pres-
saient, et me disaient que cette occasion ne se
retrouverait plus. Enfin je sentais combien il était
difficile de me refuser absolument à de si douces
instances. Le sacrifice que mon Jésus exigeait
de moi coûtait donc beaucoup à mon cœur. Cette
nuit-là, je dormis mal.

» Le matin venu, dès l'aurore, j'allai trouver
mon frère ; je lui dis que j'étais fort tourmentée du
désir de communier, que je croyais que Notre-
Seigneur ne serait pas content de moi, si je ne
lui donnais la préférence.

» — Puisqu'il en est ainsi, ma bonne fille, il
faut faire la sainte communion, et renoncer à venir avec nous.

» Sur cette réponse qui mit fin à mes hésitations, je restai au lit, et malgré tout ce que mes
frères et sœurs purent me dire pour m'engager à
les suivre, je tins bon et ne bougeai pas. Quand
je fus seule, je me levai, j'allai entendre la messe
en l'église de Sainte-Sabine, et j'y reçus Notre-
Seigneur... C'est alors que mon Jésus se révéla à
moi... c'est alors qu'il me dit que *j'étais à lui et
pour lui*... Mon action de grâces fut longue.
Tout le jour et les jours suivants, je me sentis
accablée des faveurs et des bénédictions divi-

nes. C'est un souvenir de grâces, un souvenir du Ciel! Jamais il ne s'affaiblira dans mon âme!— Et voyez, ajouta-t-elle avec son aimable simplicité, la bonté de Dieu! Il se contenta de ma bonne volonté, il n'accepta pas tout mon sacrifice, et il voulut qu'avant de quitter Rome, je visse ce beau spectacle dont je m'étais privée pour son amour. »

Qu'il me soit permis, après ces grands et touchants souvenirs, d'en rapporter un autre d'un genre tout différent, dont le récit égaya plus d'une fois les récréations innocentes et joyeuses de son monastère. A Rome comme partout, à cause de sa simplicité, de son entrain et un peu de sa distraction, elle avait eu de petites aventures plaisantes qu'elle racontait avec une naïveté inimitable. Comme elle revenait un jour d'une course en voiture qu'elle avait faite avec sa femme de chambre, elle voulut parler en italien au cocher, et lui dit, en le payant : « Voici pour vous *cinque bacciochi*. » Cet homme prit l'argent et s'en fut riant de tout son cœur. Le soir, elle redit à son frère ce qu'elle avait dit à ce cocher, et lui demanda pourquoi il avait **ri** si fort ; elle le comprit de reste, et rit plus fort que lui, quand elle apprit qu'au lieu de *cinque baïocchi, cinq bayoques*, petites pièces de monnaie, elle avait offert à ce brave homme cinq petits baisers (*cinque bacciochi*).

Parmi les souvenirs qu'elle remporta de Rome et qui demeurèrent jusqu'à la fin vivants dans sa pensée, la figure du saint Pape Pie IX lui resta toujours présente et chère comme celle du meilleur et du plus auguste des pères. Ces deux grands noms, ces deux grandes choses, Rome et le Pape, s'identifiaient dans son esprit et dans son cœur comme ils s'identifient dans l'histoire du passé de l'Église et dans les espérances de l'avenir. Au retour périodique des fêtes où elle avait vu le Saint-Père officier, elle aimait à redire à ses sœurs avec quelle foi vive et quelle majesté il en remplissait les cérémonies, et quand revenait le jour de Pâques, elle les exhortait à tourner leurs pensées et leurs cœurs du côté de Rome, et à se transporter en esprit sur la place de Saint-Pierre pour y recevoir leur part de cette bénédiction sublime que le Souverain Pontife laisse tomber sur la ville et sur le monde.

Elle quitta Rome et revint à Paris avec sa mère et ses sœurs au mois d'avril 1853. Sa vie, pendant les cinq années qu'elle passa encore dans le monde avant d'entrer au couvent, ne fut plus désormais qu'une suite de bonnes œuvres dont nous allons raconter ce que son humilité en laissa deviner; ces années trop courtes furent comme une préparation à la vie religieuse, une transition entre la famille et le cloître; ce fut la sainte activité de Marthe précédant la contemplation de Marie.

# CHAPITRE IV

Peu d'existences furent plus actives et mieux
remplies que celle de Sabine après son retour de
Rome. Depuis son mariage, sa sœur jumelle
habitait le plus souvent la Bretagne où elle finit
par se fixer tout à fait. Sabine, que ses parents
laissaient libre d'aller et de venir comme si elle
eût été mariée, ne se servait de cette liberté que
pour multiplier ses dévouements. Elle partageait
son temps entre la Bretagne, la Normandie et
Paris, et partout les pauvres, après Dieu, avaient
la meilleure part de ses journées. Elle faisait de
longues visites au Seigneur dans l'humble église
du village où il réside en la nudité du sanctuaire, et dans les misérables chaumières où il
habite en la personne des malheureux.

Les pauvres de Bretagne apprirent bien vite à
la connaître et à l'aimer. Quant à ceux des
Nouettes, ils la connaissaient d'enfance, ils l'a-
vaient vue naître et grandir, ils avaient vu croître,
avec ses années, ses vertus, sa bonté, sa charité

compatissante. A chaque printemps, ils attendaient son retour de Paris avec une vive impatience. Quand elle apparaissait dans leur chétive
demeure, quand le paralytique étendu sur son
lit de douleurs, la veuve travaillant près de ses
petits enfants, ou le vieillard rendu solitaire par
la mort de tous les siens, la voyaient entrer avec
son gai sourire comme un rayon de soleil, leur
visage s'illuminait. Ils aimaient, ils se sentaient
aimés ; c'était l'ange du village qui leur apportait
avec l'aumône matérielle qui nourrit le corps,
l'aumône de la foi et du saint amour qui fortifie
l'âme et lui fait entrevoir sous les larmes pré
sentes les joies prochaines de l'éternité.

Dans une épidémie de fièvre typhoïde qui
désola le pays et fit asseoir le deuil à plus d'un
foyer du village, elle se dévoua comme une
sœur de charité à relever les courages abattus, à
soigner les malades, à les disputer ou les pré
parer à la mort. Voyant que le fléau se prolongeait et que ses forces étaient près de s'épuiser,
elle pria ses parents de faire venir de la ville
une religieuse avec laquelle elle partagea jusqu'à
la fin les fatigues de cet admirable ministère.

Aussi, tout le monde l'admirait et la vénérait
au pays. Ces sentiments résistèrent à dix ans
d'absence ; et quand, le dimanche qui suivit sa

mort, le curé de la paroisse annonça au prône
qu'elle avait quitté la terre, ce fut un deuil uni-
versel. Bien des yeux se mouillèrent de larmes,
et l'impression générale se résuma en ces simples et naïves paroles qui sortirent de toutes les
lèvres et de tous les cœurs : « C'était une sainte!
Si celle-là n'entre pas au ciel, personne n'y entrera jamais ! »

A Paris, où le bien et le mal, les bonnes et
les mauvaises actions se perdent dans l'immense
agitation des hommes et des choses, il est plus
difficile de suivre la trace et de retrouver le
souvenir des bienfaits qui marquèrent chacun
des pas de Sabine. Dieu seul les a comptés et
seul il les récompense. Mais on peut juger,
d'après quelques révélations dues au hasard ou
échappées à sa candeur, de ce que furent sa
charité et ses œuvres pendant les dernières
années qu'elle passa dans le monde.

Elle s'était mise de l'œuvre de la visite des
pauvres malades. Une de ces infortunées, dont
elle avait accepté la charge, était vieille, infirme
et ne pouvait se servir elle-même. Sabine (nous
tenons ce fait d'un jeune homme, locataire de la
maison et témoin, sans qu'elle le sût, de son
admirable charité) venait tous les matins, avant
ou après la messe, visiter et consoler la pauvre

infirme. Elle faisait son lit, nettoyait et arran-
geait sa chambre, et lui rendait les services
qu'une bonne fille rend à sa vieille mère. Les
habitants de la maison, émerveillés de ce dévouement de chaque jour, s'informèrent du nom de
la sainte visiteuse, et dans leur naïve admiration, ils lui donnaient entre eux le nom de *sœur*.
Ce trait, qui ne nous fut révélé qu'après sa mort,
et dont elle croyait que Dieu seul avait le secret,
suffit à faire comprendre quel zèle, quelle tendresse chrétienne elle apportait dans l'accomplissement de ses fonctions charitables.

Quelques autres détails, non moins touchants,
nous ont été racontés par une dame, compagne
de ses bonnes œuvres. Elle avait si bien dompté la
nature qu'elle ne semblait plus en connaître les ré-
pugnances. Elle visita longtemps une malheureuse
femme qui avait un cancer dans la gorge ; l'odeur
infecte qui s'exhalait de la plaie ne lui faisait
pas abréger ses visites, et pour mieux témoigner
à la pauvre malade sa tendre affection, elle l'embrassait sans manifester le moindre dégoût :
baisers sublimes que les anges de Dieu ont dû
lui rendre à son entrée dans le ciel !

A la visite des malades, elle joignit bientôt
celle des familles pauvres de sa paroisse, et enfin
la visite des femmes dans les hôpitaux. Une fois

par semaine elle allait à l'hôpital Saint-Antoine ; elle causait avec les malades, leur parlait de Dieu, les égayait par son esprit, les charmait par sa bonté, et les préparait à mourir chrétienne- ment. Elle apportait dans cette délicate mission autant de décision et de fermeté que de douceur, et l'amie qui l'accompagnait dans ces visites, et de qui nous tenons ces détails, n'a pas le souve- nir qu'une seule âme, prête à paraître devant Dieu, lui ait résisté.

Rien ne l'arrêtait dans le mouvement qui la portait à courir chez ses pauvres. Le temps, le froid, la pluie, n'y faisaient rien : sa santé même ne pouvait la retenir à la maison. Un jour qu'elle avait pris médecine, elle sortit néanmoins à jeun pour faire sa tournée habituelle, et ne rentra que vers l heure du dîner, ayant acheté un petit pain pour toute sa journée. Après des expéditions de ce genre elle était grondée au retour ; mais la charité la rendait incorrigible, et en cela seulement, elle ne pouvait se résoudre à obéir.

Elle donnait aux pauvres tout ce qu'elle avait ; l'argent ne faisait que passer par ses mains sans y séjourner jamais. Sa toilette, quoique bien modeste, se ressentait singulièrement de ses aumônes, et plus d'une fois ses parents du-

rent lui faire des observations sur la simplicité
excessive de ses vêtements. Pendant assez long-
femps, elle fut réduite à une seule robe du matin,
faute d'argent pour en acheter une autre. C'était
une robe verte, qu'elle trouvait elle-même fort
laide, mais qu'elle mettait gaiment, joyeuse d'offrir à Dieu ce petit sacrifice d'amour propre. En allant
à la messe, elle prenait chaque jour le même
chemin. Les marchands, qui ne la connaissaient
pas de nom, la reconnaissaient à sa mise. Ils la
regardaient passer en souriant, et plus d'une
fois, elle les entendit qui disaient en la voyant apparaître :
« Voilà encore la grande demoiselle à
la robe verte ! » — « Cela me coûtait bien un peu
d'entendre ces exclamations, ajoutait-elle gaiement en racontant cette petite aventure. Pourtant,
je continuai à porter la même robe ; mais craignant que mon père ne fût pas content s'il appre-
nait ce qu'on disait de moi, je pris un autre
chemin pour aller à la messe. »

Elle avait complétement renoncé à aller dans
le monde, mais elle se faisait un devoir d'assister
aux soirées de famille, où d'ailleurs elle se plaisait fort et qu'elle animait par sa gaieté sereine
et ses spirituelles naïvetés. Ses sœurs alors lui
prêtaient ou lui donnaient les robes qu'elles ne
mettaient plus, et Sabine se parait joyeusement

de leurs dépouilles un peu défraîchies. On comprend qu'à ce métier, les femmes de chambre
ne s'enrichissaient guère à son service : elles
n'avaient rien à revendre, et devaient se con-
tenter de leurs gages. Aussi Sabine en trouvait-elle
difficilement, quoiqu'elle fût pour elles d'une
bonté extrême, et qu'elle suppléât de son mieux
par des cadeaux à ce qui leur manquait d'un
autre côté.

Quand, pressée par la nécessité, elle se déci-
dait à acheter quelque objet de toilette, elle était
partagée entre deux sentiments contraires, le
désir de dépenser le moins possible, en vue de
ses pauvres, et la crainte de faire tort aux marchands en ne payant pas les choses à leur valeur.
De ses anciens scrupules, c'était le seul qui lui
restât. Elle était la première à en rire, mais elle
ne pouvait s'en défaire. Un jour qu'elle mar-
chandait ainsi à rebours une paire de bottines
dont le prix lui semblait trop modique, le marchand finit par se fâcher, il lui dit que ses prix
étaient fixes et que c'était à prendre ou à laisser.
Pour avoir la paix, elle se tut, paya, prit les
bottines et s'en fut, se disant à elle-même :
« Tant pis pour lui, le pauvre homme ; s'il y perd
perd, c'est sa faute et non la mienne! » Elle avait
sans cesse de ces simplicités qui faisaient notre

bonheur et qui contrastaient d'une façon plaisante et charmante avec sa vive et sérieuse intelligence.

Son amour pour les pauvres peut donner la mesure de son amour pour Dieu, père des pauvres. C'est lui qu'elle aimait en eux, et après l'avoir servi dans ses membres souffrants, elle allait l'adorer dans le sacrement de l'autel. C'est à ses pieds qu'elle commençait et finissait chacune de ses journées. Les heures qu'elle passait à l'église étaient pour elle les plus douces et les plus rapides ; quand elle était agenouillée devant le tabernacle, elle semblait abîmée et comme anéantie dans la contemplation de l'éternel amour. Au moment de sa mort, des personnes qui l'avaient vue prier douze ou quinze ans auparavant, s'en souvenaient encore, tant sa physionomie séraphique les avait frappées. Il lui arrivait souvent de s'oublier dans la prière et de rentrer à la maison après l'heure du dîner. Il était inutile de lui demander alors la cause de son retard. Dieu et ses pauvres, c'était sa seule, son admirable excuse.

Se priver de la messe et de la communion lui semblait un sacrifice au-dessus de ses forces ; elle ne s'y résignait qu'à la dernière extrémité. Un our, par suite de je ne sais quel mal, elle avait

l'ordre du médecin de garder le lit, les pieds en-
veloppés de feuilles de laitue. Quand ses parents,
venus le matin dans sa chambre pour l'embrasser
et savoir de ses nouvelles, furent sortis, elle ap
pela sa femme de chambre, s'habilla à la hâte,
mit ses pauvres pieds malades dans des pan ·
toufles, fit chercher une voiture et alla entendre
la messe à l'église des Missions. Puis elle revint
joyeuse, rapportant Dieu dans son cœur, et se
remit au lit, après avoir recommandé aux domestiques de ne rien dire de son expédition.
Ceux-ci n'eurent garde de la trahir ; elle était
pour eux d'une bonté si parfaite qu'ils s'esti-
maient heureux de pouvoir lui rendre service.

Quand elle ne pouvait aller à l'église, elle se
faisait un sanctuaire de sa chambre et adorait
Dieu dans le temple de son âme. Au salon, où
elle demeurait après dîner jusqu'à l'heure du
coucher, elle se donnait toute à tous et animait
la soirée par le charme de son esprit et de sa
tendre bonté : mais dès qu'elle se retrouvait
seule à seul avec son Jésus, elle se livrait à de
longs et profonds colloques d'amour. Quand il y
avait une chapelle à sa portée, comme au château des Nouettes, elle s'y rendait secrètement
après que tout le monde était couché, et tra-
versait à pieds nus le long corridor qui y con-

duisait, de crainte d'être entendue et surprise en flagrant délit d'adoration nocturne.
Dieu seul a compté les heures qu'elle passa ainsi
en sa présence, veillant et priant pendant que
tout le monde dormait, véritable ange de la
maison et de la famille.

On ne peut aimer le Christ Rédempteur sans
aimer la croix sur laquelle il nous a rachetés.
Sabine sentait dès lors en elle ce besoin de souffrir et de se mortifier qui se retrouve au fond de
toutes les âmes saintes. Elle offrait à Dieu chaque
jour le sacrifice de son repos, de son temps, de
sa santé, de sa vie tout entière qu'elle consacrait
à le servir et à le faire aimer. Mais ce n'était
point assez : à l'exemple des saints, elle était
tourmentée du désir de châtier sa chair virginale
pour la soumettre plus entièrement à l'âme, et
aussi pour compenser les mollesses et les sensua-
lités de tant de prétendus chrétiens qui font de
leur corps une idole et lui sacrifient tout.

A la Visitation, où saint François de Sales,
sans proscrire les mortifications corporelles, a
surtout imposé à ses filles les mortifications spirituelles, Sabine racontait gaiement à ses compagnes ses essais de pénitence dans le monde,
essais quelquefois infructueux et marqués au
coin de sa naïveté habituelle. C'est ainsi que,

voulant coucher à la dure et ne sachant comment
faire pour corriger la douceur de son lit, elle
imagina un soir de réunir les atlas et les grands
cahiers reliés de ses neveux et nièces et de les
poser sous ses draps. Ravie de son invention,
elle se coucha par-dessus et dormit parfaitement.
Le lendemain, en s'éveillant, elle eut une mortification fort différente de celle qu'elle avait
cherchée. La couverture d'un bel atlas, acheté
peu de jours auparavant par sa sœur, était brisée,
et il fallut bien en avouer la cause. Sabine, toute
confuse, dut renoncer à ce moyen de pénitence
et en inventa un autre plus simple, plus sûr,
mais plus imprudent. De temps en temps, au lieu
de se coucher dans son lit, elle s'étendait par
terre tout habillée sur le tapis ; le matin venu
elle se déshabillait, et se mettait au lit pour que
sa femme de chambre ne s'aperçût de rien.

Une autre fois, elle voulut se donner la discipline. Croyant dans sa simplicité que cela se
vendait comme tout autre objet de piété ou de
toilette, elle parcourut plusieurs magasins, demandant partout des disciplines. Partout on la
regardait avec étonnement : les uns ne comprenaient pas, les autres riaient : aucun marchand
e tenait cet article. De guerre lasse, elle entra
dans un magasin de jouets, acheta un fouet d'en-

fant, et revint victorieusement à la maison. Elle
s'en frappait le soir avant de se coucher et le
cachait avec soin sous son traversin. Mais un
matin, en se levant, elle l'oublia et l'y laissa.
Quand elle rentra de la messe, elle vit ses neveux
qui jouaient avec sa discipline. Ils coururent à
elle et lui dirent : « Tante Sabine, pourquoi donc
avez-vous un fouet dans votre chambre ? »
J'ignore si elle le leur laissa, ou si elle le cacha
mieux à l'avenir, mais personne n'en entendit
plus parler.

Quelques événements de famille marquèrent
cette dernière période de sa vie dans le monde.
Son frère aîné, qui avait perdu un œil à Rome en
1853, devint subitement aveugle. C'était le 2 septembre 1854, à la campagne où il prenait ses
vacances, au milieu de tous ses frères et sœurs
réunis. Le matin de ce jour, le médecin du voisinage était venu déjeuner au château, et il avait
disséqué devant nous un œil de bœuf, qu'il
avait apporté ; par une singulière et douloureuse
coïncidence, la dissection de cet œil fut la dernière chose que devait voir celui qui allait perdre
la vue. Après déjeuner, comme mon frère se
promenait avec nous dans le parc, il s'arrêta
tout à coup et dit : « Je suis aveugle. » Ce fut
tout. Il rentra au château, et demanda qu'on

n'en dît rien à sa mère, afin de lui laisser quelques heures de sécurité de plus. Au moment du dîner, il descendit appuyé sur le bras d'un de nous et se mit à table. Ma mère ne se doutait encore de rien. Il était en face d'elle : tout à coup, elle vit qu'une de ses sœurs assise auprès de lui, lui découpait sa viande. Elle le regarda fixement, changea de visage, et comprit tout. Quel instant ! Quelle minute ! Je ne l'oublierai de ma vie. Les sanglots longtemps contenus éclatèrent : lui seul ne pleurait pas et souriait. Mais ce n'est pas le temps de parler de ces choses : Sabine en fut témoin comme nous, et elle y puisa une leçon pratique de détachement des choses visibles, d'attachement aux réalités éternelles.

Deux ans plus tard, sa dernière sœur se maria; le plus jeune de ses frères suivit bientôt cet exemple. Les fêtes de famille qui accompagnèrent ces noces, furent les dernières auxquelles elle assista, comme si Dieu eût voulu qu'avant de se retirer du monde, elle y laissât tous les siens heureusement établis.

Sa vie était si sainte et si remplie que nul de nous n'entrevoyait la possibilité d'une vie plus parfaite. Et cependant, elle tendait chaque jour, à son insu, à cet absolu sacrifice d'elle-même, à cette union absolue avec Dieu, qui constituent la perfection de la vie religieuse. Comme l'abîme appelle l'abîme, la lumière appelle la lumière, l'amour appelle l'amour ; et l'âme que la grâce sollicite, ne reste jamais stationnaire, mais elle s'élève, de degré en degré, jusqu'aux sommets où l'attendent les embrassements de l'Époux. Sabine commençait à ressentir dans le monde les langueurs de l'exil. Ses parents, sa famille, ses pauvres, ne suffisaient plus à combler le vide toujours croissant de son âme. Elle s'étonnait de ne plus trouver en elle-même ce joyeux entrain qui la faisait tout braver pour courir au service de Dieu. Elle ne diminuait rien de ses bonnes œuvres, mais elle sentait que chacune lui coûtait plus d'effort. Sa gaieté se voilait, sa santé commençait à s'affaiblir ; elle éprouvait, sans s'en rendre compte encore, ce malaise mystérieux de tous les êtres qui ne sont pas dans leur voie.

Ce fut en assistant à une instruction de son frère aux religieuses de la Visitation, de la rue de Vaugirard, à Paris, que, pour la première fois, elle entrevit la cause de sa langueur morale et le remède à y opposer. Elle n'en dit rien à personne, et laissa ce germe grandir et se développer dans le recueillement et la prière. Un saint prêtre qu'elle connaissait depuis longtemps, et

qu'elle savait doué de ce don si rare et si précieux du discernement des âmes, reçut ses premières confidences. Il lui conseilla de prier, de
laisser agir Dieu et d'attendre. Plusieurs mois se
passèrent ainsi, stériles en apparence, féconds
en réalité, comme les jours où le grain de blé,
enfoui sous le sillon, germe au sein de la terre
et prépare les trésors de la moisson.

A la question principale de sa vocation religieuse s'ajoutait dans son esprit celle de l'ordre
où elle était appelée. Son penchant pour les austérités qui dégagent l'âme en châtiant le corps,
l'attirait vers le Carmel et la détournait de la
Visitation. Ce fut cependant à la Visitation qu'elle
entra vers le mois d'octobre 1857, pour faire
une retraite de quelques jours et essayer par
elle-même de cette vie du cloître dont elle devait
plus tard s'enivrer et faire ses délices.

Cette première expérience sembla devoir l'en
éloigner pour jamais. Absolument sincère avec
elle-même comme avec les autres, elle la crut
décisive et ne le dissimula point. Les trois jours
de cette retraite lui parurent si longs qu'au moment de la terminer, elle dit aux religieuses avec
sa simplicité et sa franchise ordinaires : « C'est
étouffant! Quel bonheur de sortir d'ici ! Comme
je vais faire ouf ! » Et elle accompagnait ces pa-

roles de gestes expressifs qui montraient qu'elle
allait pouvoir respirer à son aise. Une des sœurs
de la Visitation, qui l'aima du premier moment
et qui l'avait suivie de près pendant cette courte
retraite, se contenta de sourire et lui dit : « Vous
avez beau penser et dire que cette vie de la Visitation est ennuyeuse, vous êtes appelée à en vivre, soit que vous reveniez ici, soit que vous res-
tiez dans le monde : votre cœur en a besoin. Et
même, je ne crains pas de vous le dire, si vous
êtes fidèle à la voix de Dieu, vous reviendrez ici,
et vous porterez le nom de notre sainte Mère :
vous vous appellerez sœur Jeanne-Françoise. »
Pressentiment ou prophétie extraordinaire, dont
Sabine ne fit alors que rire, et qui devait si tôt
se réaliser de tous points.

Ses hésitations, ses dégoûts spirituels, ses tristesses morales continuant, elle se résolut à faire
une autre retraite de huit jours dans une autre
communauté, et c'est là qu'elle connut enfin
dans la lumière divine que Dieu l'appelait à la
vie religieuse et à la Visitation. Comment cette lumière lui fut-elle donnée, par quel moyen le Seigneur lui fit-il connaître sa volonté, je l'ignore et
nul peut-être, hormis son directeur spirituel, ne
l'a su. Mais dès lors son parti fut pris, ses troubles s'évanouirent, la sérénité reparut en son

âme et sur son visage, et elle ne songea p!us qu'à réa!iser son dessein. Une seule chose altérait sa joie et divisait son cœur, la pensée des combats qu'el!e aurait sans doute à soutenir pour quitter le monde et sa famil!e, et des larmes qu'elle laisserait derrière elle. Mais, certaine désormais qu'elle allait où Dieu l'appelait, elle ne songea pas un instant à revenir en arrière, ni à remettre indéfiniment l'exécution de son projet. Elle chercha devant Dieu le moyen le plus convenable et le moins pénible d'avertir ses parents : voici celui qu'elle adopta.

Le jeudi saint de l'année 1858, elle fit prier ses deux frères de se rendre chez leur frère aîné Monseigneur de Ségur, pour une communication grave qu'elle avait à leur faire. Chose étrange, ni l'un ni l'autre n'eut le moindre pressentiment de ce qu'elle allait leur dire. Et pourtant dès qu'ils connurent son dessein, ils ne furent étonnés que d'une chose, de n'avoir pas deviné et compris depuis longtemps le secret de sa vocation. A peine notre frère aîné eut-il ouvert la bouche pour nous apprendre la résolution de Sabine, que mon frère Edgar se leva, alla à elle et l'embrassant au front lui dit : « Je te remercie de l'honneur que tu fais à notre famille. »

Dieu nous fit la grâce de comprendre et de

bénir cet événement, et si notre émotion fut profonde, elle ne fut pas amère.

Sabine nous dit qu'elle avait l'intention d'écrire
à nos parents une lettre qu'elle laisserait le soir
dans leur chambre, afin d'éviter les premières
explosions de leur légitime chagrin, peut-être de
cruels combats, et pour que la nuit passât sur
leur douleur et leurs impressions avant qu'elle
les revît. Nous approuvâmes ce parti, et elle nous
quitta, pleurante et joyeuse, pour aller écrire cette
lettre, lettre admirable, tout humaine et toute
divine en même temps, qui a été conservée, et
qui restera comme un beau témoignage de ce
que son âme renfermait de tendresse pour les
siens et d'amour héroïque pour Dieu.

La voici tout entière : c'est la digne préface
de sa vie religieuse, dont il nous reste à retracer
l'histoire.

« Lundi de Pâques, 5 avril 1858.

Mon cher Père, ma chère Maman,

Je vous supplie en commençant de lire cette
lettre jusqu'au bout, et de vous souvenir avant tout
que l'affection que vous devez avoir pour moi doit
être chrétienne. — J'ai bien prié Dieu afin qu'il

vous fasse recevoir dans un grand esprit de foi
la grande et bienheureuse nouvelle que je viens
vous apporter, et que je ne vous ai pas dite plus
tôt pour nous éviter à tous des déchirements
trop pénibles et trop prolongés : mon bon père,
ma bien chère maman, bénissez Notre-Seigneur,
car il daigne m'appeler à lui, et j'entre à la Visitation.

Ne croyez pas que ce soit un coup de tête ou
un moment d'exaltation ; ma vocation est sérieuse, elle est toute de Dieu, et pour cela iné-
branlable. Je le sais, parce que depuis un an que
le bon Dieu m'a envoyé ce premier désir, tout
ce qui remplissait ma vie jusqu'à présent, cette
liberté même de faire tout le bien que je voulais,
m'est devenu pénible ; je sens en moi un besoin
de me donner uniquement à Dieu que je ne
peux satisfaire. Je le sais, parce que dans une
question aussi grave, je n'ai voulu rien faire de
moi-même : j'ai remis la direction de cette
grande affaire entre les mains d'un prêtre, le
plus sage, le plus prudent, le plus éclairé, en
cette matière, que je connaisse, à l'abbé ***, à
qui depuis un an et demi j'ai fait connaître
toute la suite de mes impressions et de mes
désirs, qui sait notre position de famille, et qui,
après un examen sérieux et prolongé, vient enfin,

au sortir de ma retraite, de me confirmer dans la certitude que Dieu daigne m'appeler à la vie religieuse, et qu'il ne peut y avoir le moindre sujet d'hésitation. Et maintenant, ayant en moi le sentiment assuré que la volonté de Dieu est que je me consacre à lui, que me reste-t-il à faire, sinon de suivre cette volonté, sans qu'il me soit même possible de lui en opposer aucune autre, puisque lorsque Dieu parle il faut obéir? Aussi cette voix de Dieu en moi est à la fois si douce et si forte, que je sens que rien désormais ne saurait m'y faire résister ; malgré l'angoisse de quitter tout ce que j'aime, j'ai en moi un fond de paix et de joie inaltérable que vous avez pu remarquer, et qui ne peut venir que de Dieu dont l'amour domine toutes choses.

Et pourtant j'embrasse dans toute leur étendue les sacrifices qui découlent de cette vocation ; oh! oui, je puis le dire, la meilleure preuve que ma vocation est bien divine, c'est qu'elle me donne le courage de sacrifier avec joie, et sans la moindre hésitation, la jouissance habituelle de ces affections de famille qui faisaient la grande partie de ma vie. Mon cher père, ma chère maman, dans le saisissement que va vous donner cette nouvelle, vous allez peut-être me reprocher de vous quitter; mais je vous le demande, si j'avais voulu

et si maintenant encore je voulais me marier,
vous trouveriez tout simple que je le fisse, et
vous m'aimez assez pour vous réjouir d'un tel
événement s'il devait me rendre heureuse. Eh
bien, savez-vous la seule différence que j'y aie
mise? c'est que nulle créature n'a eu le pouvoir
de m'arracher à la grande tendresse que je vous
porte, et qu'il a fallu que Dieu lui-même vînt
me demander de me consacrer à lui pour que
j'abandonnasse ma douce vie au milieu de vous.
— Ah! mon bon père, ma chère maman, ne
m'accusez pas d'égoïsme, car s'il est un cœur
dévoué pour vous, je puis dire que c'est le mien.
Mais comprenez quel est celui qui vient aujour-
d'hui vous prendre votre fille ; si cette séparation
vous est dure selon la chair, pensez que celui
qui m'a donnée à vous, est au-dessus de vous et
de moi, et que nul n'a le droit de lui demander
pourquoi il reprend ses dons ! — Comprenez
aussi que ce n'est pas moi qui m'en vais, car
vous pourrez sans cesse venir me voir, et je serai
encore en quelque sorte au milieu de vous à la
Visitation, vous aimant avec la même tendresse;
mais c'est Notre-Seigneur Jésus-Christ lui-
même qui vient s'ajouter à notre famille en
s'unissant à moi. Quelle grâce! Quel grand et
solennel mariage, et combien les sentiments de

la chair doivent s'effacer devant un tel bienfait!
Ne craignez donc pas que je ne sois pas heureuse ; en Jésus-Christ j'aurai, j'ai déjà tout, et
si vous conservez encore un doute sur la sincérité de ma vocation, si le sacrifice que je fais de
ma profonde tendresse pour vous ne vous suffit
pas, considérez que celle que je porte à ma chère
Henriette n'a pas non plus le pouvoir de m'arrêter, et dites-moi après cela si ce n'est pas véri-
tablement Notre-Seigneur qui peut ainsi m'élever au-dessus de moi-même pour m'attirer à lui.

J'avais pensé un moment, afin de vous épar-
gner ces tristes jours d'adieux, à quitter le monde
sans vous avoir ouvert mon cœur ; mais je n'ai
pu résister, malgré la douleur que je vais ressentir avec vous, à vous donner cette dernière
consolation ; j'ai compté sur votre foi à supporter
ce sacrifice que Dieu demande, et j'ai la confiance qu'en l'acceptant volontairement vous
aurez part à la récompense que ces moments
d'épreuves vont nous préparer au ciel!

Je vous supplie, mon bon père, ma bonne et
chère maman, de ne pas chercher à m'ébranler,
car vous me feriez beaucoup souffrir et ma résolution est immuable, puisque je sais que j'obéis
à Dieu. Les reproches que vous pourriez adresser
à ma tendresse me seraient un martyre, parce

que je sens combien ils seraient injustes, et que je vous aime tant que je suis obligée de regarder sans cesse Notre-Seigneur, qui seul peut surpasser cette affection, afin de ne pas défaillir à la sainte vocation à laquelle il m'a appelée dans son amour immense !

Je crois que plus ces moments seront abrégés et mieux cela sera ; c'est pourquoi j'ai attendu jusqu'au dernier instant pour vous annoncer cette grande nouvelle, et c'est samedi que je compte accomplir la sainte volonté de Dieu. Aidez-moi à fortifier ma pauvre Henriette ! Je sais que Notre-Seigneur, qui lui envoie cette croix, sera là pour la porter avec elle : aussi c'est en lui que je me remets avec vous tous, et je vous supplie, mon bon père et ma bien-aimée maman, de me pardonner si j'obéis à Dieu plutôt qu'aux hommes, et si pour la première fois de ma vie je suis la cause d'un grand chagrin pour vous.

SABINE. »

## CHAPITRE V

La douleur des parents de Sabine, à la lecture
de cette lettre, égala leur surprise. Le coup fut
d'autant plus cruel, qu'il était plus inattendu.
Ils avaient cru la garder toujours auprès d'eux,
et ils la voyaient prête à partir, sans espoir de
retour. L'expression de sa tendresse, dont sa vie
entière avait été une longue preuve, et qui remplissait sa lettre, augmentait encore leur peine.
Jamais leur chère fille ne leur était apparue
plus digne d'amour et d'admiration, qu'au moment où ils allaient la perdre.

Cette nuit fut douloureuse pour eux, pour elle
aussi, qui la passa sans doute en prière ; et
quand, le lendemain, le cœur brisé, mais iné-
branlable, elle se jeta dans leurs bras, tous trois
versèrent des larmes. Mais leur douleur fut sans
reproches, sans récriminations, sans violences
de langage. Contrairement à tant de parents
chrétiens qui, dans ces moments suprêmes où il
faut passer de la théorie à la pratique, semblent

oublier leur foi pour ne laisser parler que la nature, ils acceptèrent sans murmurer le sacrifice
que Dieu leur demandait : ils ne cherchèrent
même pas à en différer l'accomplissement. Ils
comprirent que pour leur fille comme pour eux-
mêmes, mieux valait abréger des heures d'angoisse, où chaque minute les faisait mourir ; et,
au jour fixé par elle, le samedi 10 avril 1858,
Sabine, après avoir pris congé de tous les siens,
après avoir couvert son père et sa mère de ses
baisers et de ses larmes, quitta pour jamais la
maison paternelle, et entra dans ce couvent de
la Visitation, qui devait être sa dernière demeure, jusqu'au jour de son départ pour le
ciel.

Elle y entra pauvre, dépouillée de tout, ap-
portant pour seul trousseau six grosses chemises
de calicot qu'elle avait fait acheter par sa femme
de chambre, deux petits bonnets noirs, quelques
bas, quelques mouchoirs et une robe de laine.
Voulant mettre en pratique l'abnégation de
toutes choses avant d'en avoir fait le vœu, elle
avait distribué par avance aux pauvres ses vêtements, ses effets du monde et ce qui lui restait
d'argent.

Du jour de son entrée au monastère, elle fut
une parfaite religieuse. Sa vie n'avait été depuis

bien des années qu'un long et admirable noviciat. On eût dit que cette vie du cloître, qui lui
avait paru si étouffante lors de la première
épreuve qu'elle en avait faite, avait toujours été
la sienne. Elle en accepta toutes les règles,
toutes les mortifications avec une facilité et un
air de naturel qui semblaient ne pas laisser de
place au sacrifice. Malgré le chagrin de vivre
séparée de tout ce qu'elle aimait en ce monde,
la sérénité rayonnait de son âme sur son visage.
Elle semblait nager dans la lumière et dans
l'amour, comme un poisson nage dans l'eau.
Ses nouvelles compagnes l'aimèrent aussitôt
comme une sœur et devinrent pour elle une
seconde famille, qui cependant ne lui fit jamais
oublier la première. Elle resta jusqu'au bout
pour son père et sa mère la plus tendre des filles,
pour nous tous la meilleure des sœurs et des
amies, pour les pauvres une secourable Providence. Elle ne donnait plus, ne possédant rien,
mais elle faisait donner avec une ingénieuse
charité qui la suivit jusque dans les bras de
la mort.

Le 21 août 1858, quatre mois environ après
son entrée au monastère, elle fut admise au noviciat. Jusque-là, elle n'avait été que postulante,
vivant de la vie du cloître, en observant les lois,

mais sans aucun lien de conscience, sans aucune
obligation de règle ni de costume religieux,
spectatrice et témoin plutôt que membre de la
communauté. Comme novice, c'était toute autre
chose. Une novice est une religieuse commencée,
qui fait dans toute son étendue l'expérience de
la vie parfaite à laquelle elle aspire : en un mot,
c'est une religieuse, moins les vœux qui ne se
prononcent que plus tard. Tous les membres de
sa famille, présents à Paris, assistèrent à la cérémonie de la prise d'habit, qui marque le passage
du postulat au noviciat. Elle reçut le nom de
Jeanne-Françoise de Chantal, ce nom vénéré de
la fondatrice de la Visitation, dont on célébrait
la fête ce jour-là, et elle échangea avec joie les
ornements du monde, la robe et le voile de
mariée qu'elle avait revêtus, contre l'humble
habit des filles de saint François de Sales. Elle
accomplit cette touchante et grave cérémonie
avec un recueillement plein de douceur et de sérénité. On voyait que l'esprit du grand saint dont
elle venait d'embrasser la règle, était répandu et
vivait en elle depuis longtemps, et qu'en prenant
l'habit de la Visitation elle n'avait fait que mettre
son extérieur en harmonie avec les pensées et
les sentiments intimes de son âme.

Elle écrivait le lendemain à sa sœur ju-

melle, retenue loin d'elle par d'autres devoirs :

MON HENRIETTE,

Quel jour que celui d'hier, et que j'aurais
aimé à te voir à côté de moi ! maman m'a dit
qu'elle t'avait tout raconté ; cela s'est passé du
reste bien simplement et pieusement, et toute
la famille était à la fois bien émue et bien heureuse. Pour comprendre la douceur de ces fêtes
de religion, il faut les avoir vues et goûtées par
soi-même, et je ne puis m'empêcher de croire
que cela t'aurait consolée en te faisant toucher
du doigt que c'est Dieu tout seul qui a amené
ce jour de bénédictions.

Me voilà à présent ta sœur Jeanne-Françoise,
et je t'assure, mon Henriette, que c'est bien ta
même jumelle que ta sœur Sabine ; la seule différence, c'est qu'elle est plus unie au bon Dieu.
N'aie donc pas peur, ni pour elle, ni pour toi,
qu'elle garde avec elle. Tu me demandes si j'ai
pensé à ma petite Henriette ! Je crois bien ; j'ai
même communié pour elle, pour son premier
anniversaire. Je n'ai pas besoin de les tenir
dans mes bras pour les aimer, ces pauvres mi-
nettes, et Dieu sait si j'ai prié pour elles trois
hier !.. Je vais très-bien, il me semble que j'ai

toujours été en novice ; cela ne me gêne pas du
tout... Adressez-moi vos lettres : à ma sœur
Jeanne-Françoise de Ségur... Adieu, mon Henriette que j'aime encore plus.

Sœur JEANNE-FRANÇOISE.

Au moment où sa sœur jumelle, déjà désolée
de leur séparation, recevait cette lettre, elle était
menacée d'une autre épreuve plus douloureuse
encore. Sa seconde fille tomba malade. Bientôt
le mal s'aggrava au point de ne plus laisser
d'espoir, et l'enfant partit pour le ciel dans le
courant de septembre, un mois à peine après la
prise d'habit de sa tante, qui était sa marraine et
lui avait donné son nom.

Sabine ressentit ce coup comme sa sœur
elle-même et put ainsi mesurer, dès le début
de sa vie religieuse, l'étendue du sacrifice qu'elle
avait fait à Dieu en se séparant à jamais du
monde. Elle épancha sa douleur et sa foi dans
deux lettres admirables qu'elle écrivit à sa jumelle et que je dois rapporter ici presque dans
leur entier. Elles montreront mieux que toutes
mes paroles ce qu'il y avait à la fois de tendresse
et de force chrétienne dans cette âme où l'amour
supérieur de Dieu n'avait fait que développer les
affections naturelles, en les transfigurant.

Samedi, 18 septembre 1853.

Mon Henriette,

Je sais tout, je sais que notre petite Sabine
bien aimée est à présent notre chère petite pro-
tectrice dans le ciel, que le bon Dieu l'a plus
aimée encore que s'il nous l'avait laissée. Mon
Henriette, je t'en prie, attache-toi à regarder plus
haut que cette chère petite tombe, vois ta Sabine
ce qu'elle est réellement, une petite élue de
Notre-Seigneur, qui est sûre d'être bien heureuse
pour l'éternité. Quelle grâce pour elle, et qu'au-
rions-nous pu lui souhaiter de plus, nous qui
l'aimions tant, nous qui devons l'aimer uniquement dans le bon Dieu?

Je sens bien ce que tu souffres, mon Henriette; mais je sais bien aussi quel est Celui
qui nous envoie cette croix; je sais que Notre-
Seigneur ne nous quitte pas d'un instant depuis
qu'il nous a visités de si près ; je sais que tu n'as
qu'à l'appeler pour qu'aussitôt il te console et te
montre que sous cette épreuve il a réservé une
grâce infinie d'amour, d'abord pour notre chère
petite, puis pour nous mêmes qui serons heureux et glorifiés avec lui, à proportion de ce que

nous aurons souffert avec lui... Je prie notre Sabine, qui est si près de Dieu, d'aider à son tour ceux qui ont tant prié pour elle. Que nous sommes heureuses dans nos souffrances d'avoir notre bon Sauveur Jésus, qui compte chaque larme pour nous les rendre au centuple un jour ! Sois bien généreuse, bien chrétienne, mon Henriette ! Prie beaucoup, regarde les choses ce qu'elles sont vraiment dans le bon Dieu ; rappelle-toi que la mort de cette chère enfant n'est pour elle que le passage à une vie bienheureuse.

Nous prions toutes ici pour toi. Pour moi, je ne fais qu'une prière depuis ce matin ; je vous donne avec moi à Notre-Seigneur, afin que nous trouvions la vie, la force, l'amour dans cette croix. J'offre mon sacrifice, j'offre le tien en même temps ; j'envoie la sainte Vierge te consoler, elle qui a voulu perdre son Jésus pour nous soutenir dans nos mêmes douleurs !

..... Je m'arrête, mon Henriette ; j'ai le cœur si brisé que je ne peux te dire ce que tu ne comprends que trop. Mais, dans ma douleur, je bénis Notre-Seigneur et je m'unis au *Te Deum* que les anges chantent dans le ciel pour la venue de notre bien-aimée petite Sabine. Embrasse pour moi ses chères petites sœurs, qu'elle protégera dans le ciel.

Que Louise me donne de tes nouvelles, mon Henriette, si tu ne peux écrire.

Ta chère sœur,

JEANNE FRANÇOISE.

Voici sa seconde lettre, datée du surlendemain, 20 septembre.

MON HENRIETTE BIEN-AIMÉE,

Depuis que le sacrifice est consommé, je suis sur la croix avec toi, mais je te tiens si fort avec moi et nous sommes là si près de notre Jésus, que je sens bien que je te décharge en te communiquant la force divine que j'y puise. Nous avions vécu jusqu'ici du bonheur de la terre ; mais ce n'est pas celui-là que Notre-Seigneur nous destine, il nous aime bien autrement que cela. Voilà qu'il prend d'abord avec lui notre petite Sabine, et que pour toujours cette chère enfant bien-aimée sera heureuse et assurée d'être où nous désirons tous arriver un jour. Quelle grâce pour elle, mon Henriette ! Fais comme moi et oublie-toi pour l'aimer uniquement en Dieu. Dans le ciel, ce pauvre ange voit bien que ce que je te dis est vrai, et elle comprend que ceux qui l'aiment le plus sont ceux qui se réjouissent avec elle.....

Te le dirai-je? Au milieu de ma douleur, je trouve dans la vérité de Notre-Seigneur qui me fait comprendre la grâce immense cachée sous cette croix, je trouve la force de bénir Dieu pour notre cher ange. Je suis presque heureuse au milieu de cette peine déchirante, parce que je vois quels jours de sanctification ces jours-ci seront et sont déjà pour nos âmes. Je comprends que Notre-Seigneur nous aime beaucoup plus en nous appelant à son calvaire qu'il ne nous avait aimés jusqu'alors. Je vois surtout que lui, qui ne se laisse jamais vaincre en amour, nous rend et nous rendra au centuple ce sacrifice amer qu'il nous demande.

Le matin, notre bonne Mère m'a lu, en fondant en larmes d'émotion, ta lettre où tu te réjouissais avec moi (sans doute d'un de ces mieux apparents et momentanés qui précèdent la mort). Cela m'a bien fait souffrir, tu comprends, ma pauvre Henriette; mais j'ai vite couru tout jeter dans les bras de Notre-Seigneur, je sentais qu'il était là qui recueillait nos larmes, car je lui donnais les tiennes et celles d'Armand avec les miennes; je voyais aussi qu'Il me communiquait une force toute divine, afin que tu sois fortifiée par moi, et je me consolais en buvant le calice pour nous trois.

Je ne suis pas seule ici, et plus que jamais la Visitation est de notre famille; toutes souffrent et prient avec moi, comme si l'épreuve était pour elles toutes. Notre Mère, ma bonne sœur la *déposée* que tu connais, ma sœur M*** m'entourent, me comprennent, te comprennent aussi, et c'est bien elles, mon Henriette, qui sont notre force dans le bon Dieu. Elles sont affligées comme si tu étais leur sœur, et tu l'es en effet, car c'est d'ici qu'on peut dire qu'on ne fait qu'un cœur et qu'une âme.

..... J'espère que j'aurai une lettre demain; du reste, je demeure avec toi, ma pauvre Henriette, et je me suis chargée de t'aider devant Dieu qui ne me refuse rien, en ces jours où je m'immole toute à Lui!... Dieu soit béni! Je ne te dis pas adieu, car je ne te quitte pas, et tu as bien raison de dire que jamais nous ne nous sommes tant aimées, parce que le bon Dieu est bien plus encore avec nous dans cette union.....

Prie bien, mon Henriette!

Ta chère sœur,

JEANNE-FRANÇOISE.

6

Il y a des larmes qui brûlent les yeux ; il en
est d'autres plus douces qui les rafraîchissent.
Ce sont de ces dernières que la pauvre Mère répandit en recevant ces deux lettres de sa sainte
sœur. Ces pages, sorties d'une âme angélique, et
qui semblaient descendues du ciel, la consolèrent autant qu'elle pouvait être consolée. Si,
parmi les personnes qui liront cette histoire, il
en est qui pleurent aussi près d'un berceau
vide, j'espère et j'ai la confiance qu'elles y
trouveront comme elle quelque douceur et quelque soulagement à leur peine.

Ce douloureux événement eut un autre résultat plein de consolations. Jusque-là, la sœur de
Sabine n'avait pu prendre entièrement son parti
de cette vocation qui les avait séparées, et elle
était tentée d'y voir quelque chose comme une
désertion. De ce jour, tout changea d'aspect à
ses yeux, elle envisagea les choses à leur véritable point de vue : elle comprit, en mêlant ses
larmes à celles de sa sœur, que rien n'était
changé entre elles, que leurs âmes étaient toujours unies autant que deux âmes peuvent l'être
ici-bas, et qu'en se donnant tout entière à Dieu,
Sabine lui restait cependant tout entière aussi
dans la plénitude de sa tendresse et de son
dévouement.

Aucun autre événement extérieur ou intérieur ne marqua le temps du noviciat de Sabine. Sa santé, au lieu de s'affaiblir, se raffermissait. Le cloître n'avait pour elle que des douceurs : ses jours s'y suivaient et s'y ressemblaient dans la paix, la joie, et l'enivrement du saint amour. Une seule inquiétude ou plutôt un seul regret troublait parfois la sérénité de sa vie; c'était la pensée que cette vie lui coulait trop doucement, sans mortifications, sans humiliations d'aucun genre. Elle s'étonnait et s'affligeait de ne pas sentir son sacrifice, et se demandait si c'était bien là ce qu'on appelle s'immoler à Dieu. Les ménagements qu'on lui imposait dans l'intérêt de sa santé lui coûtaient beaucoup. Ce n'était plus du scrupule, mais un effet de ce penchant aux austérités corporelles que l'esprit de la Visitation devait régler sans le détruire dans son âme.

« J'essaie de tout, disait-elle, pour me faire humilier ; je le demande à notre Mère, je lui dis même qu'elle a tort de ne pas le faire, et je n'obtiens rien, pas une pauvre petite humiliation ! Je suis désolée. »

Elle s'humiliait cependant à chaque minute, et de la bonne façon, sans le savoir, par la seule pente de sa vertu. Elle recherchait les ouvrages les plus bas selon le monde, et y mettait toute sa complaisance. Un jour que, par un froid rigoureux, elle faisait la lessive, ses compagnes la virent pleurer, et lui demandèrent la cause de ses larmes. Elle leur répondit : « C'est que j'espérais avoir l'onglée pour l'amour de Notre-Seigneur. Vous l'avez toutes, et moi, je ne l'ai pas ! »

Ces souffrances qu'elle recherchait et qui la fuyaient, Dieu, qui la voulait plus sainte encore, devait l'en combler plus tard au point de l'en accabler. Mais dans les premières années de sa vie religieuse, il ne l'accabla que de grâces sensibles et de joies spirituelles.

Sa vocation était si évidente, sa résolution si fermement arrêtée, qu'il ne parut pas nécessaire de prolonger indéfiniment son noviciat. Au mois de septembre 1859, elle fut admise par la communauté à prononcer les vœux solennels qui la devaient unir pour toujours à Jésus-Christ. Le jour de sa profession fut fixé au 8 décembre, fête de l'Immaculée Conception de la sainte Vierge Marie. Le temps du noviciat ne fut donc pour elle que de quinze mois.

Voici en quels termes joyeux et pénétrés elle annonçait cette grande nouvelle à un de ses frères, le 24 septembre :

« Bien que j'écrive à mon père, j'éprouve le besoin de te dire moi-même la grâce que le bon Dieu vient de me faire aujourd'hui, et par moi à toute notre chère famille. J'ai eu le bonheur d'être reçue par la communauté à la sainte profession. Je suis donc assurée de mon bonheur, et je n'ai plus qu'à attendre le jour où Notre-Seigneur, qui me choisit aujourd'hui, viendra tout consommer... Je n'ai pas besoin de te dire, à toi qui connais les choses de Dieu, de m'aider à le remercier et de prier pour que je sois fidèle à son amour!... Il est plus que probable que ma profession ne sera que le 8 décembre. Mais à présent, j'ai déjà un avant-goût de mon bonheur. Je prie de tout mon cœur aujourd'hui pour vous... A bientôt, mon bon et cher ami. Que nous sommes heureux d'aimer le bon Dieu! »

Sa lettre à son père, remplie des mêmes sentiments de joie et de reconnaissance pour Dieu, respire en outre l'amour le plus tendre pour sa communauté. Elle le prie de vouloir bien régler les affaires d'intérêt qu'elle laissait derrière elle dans le monde. « Car, ajoute-t-elle avec une touchante simplicité, désormais étant religieuse et vouée à la sainte pauvreté, je pourrai recevoir pour la communauté ce qu'on voudra bien me donner, mais je ne pourrai rien demander... Je laisse tout d'ailleurs à votre volonté. »

Elle adresse ensuite à son père la prière touchante que voici, au sujet d'une pauvre sœur converse de son couvent, âme admirable, élevée par la grâce et la prière aux sommets du divin amour, que Sabine chérissait dès lors entre toutes ses compagnes et qui devait la conduire au ciel comme par la main à travers les ombres de sa maladie et les angoisses des derniers jours.

« Je vais à présent, mon cher père, vous faire en toute simplicité une demande que j'espère vous serez heureux de m'accorder. Vous connaissez ce qu'est non-seulement pour moi, mais aussi pour notre famille, notre sainte et excellente sœur M*** ; ou plutôt non, vous ne pouvez comprendre tout ce que Dieu a mis dans cette âme de dévouement et d'union avec nous. Moi seule, je suis à même d'en sentir sans cesse les effets et d'admirer les desseins du bon Dieu qui a voulu m'accorder et nous accorde tant de biens par l'entremise d'une humble créature comme est cette chère sœur ! Aussi c'est un besoin pour moi, au moment où je vais tout quitter pour ma sainte profession, de contribuer à cette union entre elle et nous, en lui donnant comme

elle nous donne sans cesse. Sa famille est excessivement pauvre ; elle a une sœur déjà âgée et
infirme dont le sort la préoccupe beaucoup, qui
a toujours désiré être religieuse, et qui depuis
longtemps aspire à finir ses jours au couvent,
mais par délicatesse, elle ne veut pas y entrer,
n'ayant aucune ressource et craignant d'être à
charge à la communauté. Elle a aussi des petits-
neveux et nièces dans un état voisin de la misère. Cette pauvre sœur a beaucoup de chagrins
au sujet de sa famille et c'est pour elle une croix
continuelle. Eh bien, mon cher père, il m'est
venu la pensée, le besoin de donner le repos et
la paix à notre sœur, en venant en aide à sa
famille, par une somme de cinq mille francs,
que je vous demande, non pas comme un don,
afin de ne léser en rien mes frères et sœurs,
mais seulement comme avance de ce qui doit me
revenir un jour. Par ce moyen l'avenir de sa
pauvre sœur serait assuré, et après elle la somme
pourrait revenir à une de ses petites-nièces à
laquelle elle s'intéresse particulièrement et qui
est très-pauvre. — Je ne puis vous dire, mon
cher père, quelle consolation, quel bonheur ce
sera pour moi ! Ce serait aussi, j'en suis sûre,
pour notre famille, une grande source de grâces
et de bénédictions.

» Je vous parle de ceci avec une entière confiance, en un moment où mes désirs seront reçus
par vous avec plus de tendresse encore que de
coutume, puisque ce sont les derniers que je
pourrai vous adresser. Il est bien entendu
que cette lettre que je vous écris est entre
vous et moi et n'a été lue de personne. Je ne
fais que vous exposer mes vœux, et je puis ajouter, mon bon père, qu'autant je serai touchée et
reconnaissante si vous les accueillez, autant je
vous assure que la peine qu'un refus me cause-
rait ne pourrait en rien altérer ma tendre affection pour vous ; je serais désolée si ce que je
vous dis ici cœur à cœur, pouvait occasionner
le moindre froissement et diminuer le bonheur avec lequel vous aimez à venir trouver
votre chère Visitation qui vous est inséparable
désormais. »

Sabine n'avait pas trop présumé du cœur de
son père. Déjà, en effet, il avait pris l'habitude
de considérer la Visitation comme sa famille : il
venait souvent y voir sa fille au parloir ; il aimait à s'entretenir avec les religieuses et particulièrement avec la pauvre sœur qui, malgré
l'incorrection de son langage, était au niveau de
tous les sentiments et de toutes les pensées par
la tendresse de son âme et l'élévation de sa foi.

Il accorda donc à Sabine la grâce qu'elle lui demandait avec une si instante charité, et l'humble sœur converse lui en conserva une reconnaissance qui le suivit jusqu'à sa mort et par delà le tombeau.

Par une de ces attentions délicates que leur inspirait sans cesse la charité, les supérieures de Sabine voulurent la faire peindre en costume religieux et envoyer son portrait à sa famille pour le moment de sa profession. Une de leurs anciennes élèves, peintre distingué, se chargea de ce travail qui fut conduit secrètement et qui réussit à merveille. Quand il fut achevé, Sabine pria son père et deux de ses frères alors à Paris de venir au monastère. Arrivés au parloir, la supérieure, qui se trouvait avec elle de l'autre côté de la grille, fit apporter le portrait dont la ressemblance leur parut frappante. C'était bien son regard doux et voilé, son angélique physionomie, et ce demi-sourire qui ne la quittait presque jamais et qui répandait sur tout son visage comme un reflet du ciel. Plus d'une fois ce regard et ce sourire, contemplés par le pauvre père du fond du fauteuil où le retenaient ses infirmités, le consolèrent un peu de l'absence de sa chère fille.

Le 4 décembre Sabine entra en retraite. La

veille elle avait écrit à sa sœur jumelle, toujours
retenue en Bretagne, la lettre suivante que je me
plais à rapporter comme les précédentes, parce
qu'elle la fait paraître et parler elle-même dans
son aimable et tendre simplicité.

Paris, 3 décembre 1850, samedi.

MA BONNE HENRIETTE,

C'est toi qui auras ma dernière lettre avant
ma profession ; car j'entre en retraite demain soir
et je n'en sortirai qu'après le grand et bien heureux jour, jeudi prochain. La veille, 7 décembre, sera l'anniversaire de ton mariage ; et moi,
le jour même de l'Immaculée Conception de la
Sainte Vierge, je serai aussi unie pour jamais à
Notre-Seigneur Jésus-Christ ; à mesure que le
moment approche, je sens un calme qui vient
de Dieu ; je comprends que nul effort de l'homme
n'est capable de préparer à une telle action.
Dieu donne à l'âme un sentiment si profond et
si vrai de son néant et de son indignité, qu'on
n'a qu'une chose à faire, s'abandonner totale-

ment à sa grâce et ne penser qu'à l'aimer et à se laisser aimer par lui.

Au moment de ma profession, mon Henriette, c'est toi, c'est Armand, ce sont mes chères petites, que je nommerai surtout au bon Dieu. Ce jour-là, où Notre-Seigneur ne me refusera rien, je demanderai pour vous tout ce que j'ai déjà demandé tant de fois dans ma vie ; je veux que Notre-Seigneur, qui nous a toujours unies toutes deux, nous unisse encore davantage en ne faisant qu'une âme de nous deux, qu'il te prenne avec moi, et ce qu'il me fait visiblement, qu'il le fasse invisiblement en toi. Crois-le, ma bonne Henriette, ce jour que tu redoutes tant, c'est pour toi comme pour moi le grand jour des bénédictions de Notre-Seigneur. Aussi, ne pense qu'à le remercier avec moi. et dis-toi que je suis bien heureuse.

Vous seuls serez loin de moi, car toute la famille viendra. Mon père, à qui j'avais demandé de ne pas venir de peur que cela ne l'impressionnât, le veut absolument... C'est à huit heures et demie que la cérémonie commencera. Un peu avant, mon père et maman viendront me voir afin que je puisse leur demander leur bénédiction. Gaston dira ensuite la sainte Messe, et je pense que tout finira vers dix heures un quart. Gaston aura la chasuble qui a été faite avec ma robe de moire blanche de ma prise d'habit. Maman l'a fait broder en or fin pour mon cadeau de profession ; c'est un superbe ornement. Le petit Pierre quêtera pendant la messe... Je pense bien que tu seras clouée dans ta chambre, ma pauvre Henriette ; mais si tu ne peux aller à l'église ce jour-là, le bon Dieu ne t'en écoutera pas moins et je sais bien que tu ne me quitteras pas. J'ai dans ma cellule le beau crucifix en ivoire que tu m'as donné : tous les soirs je prie devant en pensant à toi.

..... On doit envoyer la veille mon portrait à la maison : je voudrais que tu le visses, il est si ressemblant : tu pourras le faire copier quand tu viendras à Paris.....

Je voulais t'envoyer, pour le jour de ma profession, de petits souvenirs que notre Mère a bien voulu me donner pour toi et les enfants..... Mais je retarde un peu l'envoi, parce que je veux faire moi-même pour le cher petit qui va naître une petite chemise et une couche avec la chemise de toile très-douce que je porterai le jour de ma profession ; je désire que tu les lui mettes pour son baptême..... N'est-ce pas que cela te fera plaisir et que tu le garderas toujours ?

..... Adieu, ma bonne, ma chère Henriette, quel sacrifice pour moi d'être séparée de toi en un tel moment !..... Je t'écrirai après ma profession. Adieu encore, mon Henriette, à jeudi !

Sœur JEANNE-FRANÇOISE.

C'est dans ces sentiments de paix, d'amour profond et serein pour son divin fiancé, de tendresse attentive pour chacun de ceux qu'elle aimait, que Sabine se préparait à la grande cérémonie de ses vœux.

Tout se passa comme elle l'avait indiqué dans cette lettre. Le 8 décembre 1859, à huit heures et demie, son père et sa mère, ceux de ses frères et sœurs qui se trouvaient à Paris, ses autres parents, quelques amis, des pauvres, étaient réunis dans l'humble chapelle de la Visitation parée de fleurs et resplendissante de lumière, comme pour un mariage. C'était un mariage, en effet, la plus belle, la plus indissoluble des unions : la fiancée du Christ allait devenir son épouse. De l'autre côté de la grille qui sépare le chœur de celui des religieuses, les sœurs étaient rangées sur deux lignes ; les petites filles du pensionnat se tenaient derrière elles. Sabine entra et vint s'agenouiller au milieu du chœur des religieuses, tout près de la grille. Son visage

rayonnait d'amour et de sainteté. Hélas ! c'est
là, à cette même place, que, neuf ans plus tard,
nous la vîmes morte, pour la dernière fois !

Son frère vint s'asseoir, revêtu des habits pon-
tificaux, en face de la grille qui le séparait d'elle,
près de la petite ouverture par où les religieuses
reçoivent la communion, et la cérémonie de la
profession, dont toutes les paroles ont été écrites
par saint François de Sales lui-même, commença.

Sabine, ayant à ses côtés la supérieure et
l'assistante, dit à haute voix :

« Moi, Sabine-Félicité de Ségur, je demande,
pour l'amour de Dieu, notre Sauveur, d'être reçue à la sainte profession, en la congrégation de
Notre-Dame de la Visitation, pour m'y exercer
toute ma vie au service divin, par obéissance,
chasteté et pauvreté.

Le prêtre : « Avez-vous fermement établi en
votre cœur, n'étant point contrainte, mais étant
libre de votre volonté, de garder obéissance,
chasteté et pauvreté à Jésus-Christ Notre-Seigneur? Car, ma chère sœur, vos habits du monde
vous sont conservés, et voici le voile de la congrégation ; l'un et l'autre vous sont proposés, afin
que vous puissiez choisir et prendre celui que
vous voudrez. »

Sabine : « Je me suis volontairement dépouillée des robes mondaines ; jamais, avec l'aide de Dieu, je ne les reprendrai. Je me suis détournée de la vanité, j'en ai détaché mes affections ; jamais je n'y retournerai.

— Vous avez donc bien résolu de vous consacrer à Dieu et de vivre à jamais dans cette congrégation ?

— Je l'ai résolu dans mon cœur, parce que cela m'est très-bon et très-avantageux.

— Il est vrai qu'il vous sera très-bon d'être en cet état ; et, persévérant, vous recevrez la bénédiction du Seigneur et la miséricorde de Dieu notre Sauveur. Car telle est la génération de ceux qui le craignent et cherchent la face du Dieu de Jacob. »

Le prêtre, s'adressant à la supérieure : « Vous avez entendu, ma sœur, la demande et les poursuites que cette sœur a faites ; a-t-elle le consentement de la congrégation ? »

La supérieure : « Oui, par la grâce de Dieu, nos sœurs lui souhaitent le bonheur de vivre et mourir en leur union, et que, pour cela, elle fasse maintenant les vœux sacrés de la sainte profession, comme il est requis à cet effet. »

Le prêtre, s'adressant de nouveau à Sabine :

« Si c'est donc votre volonté, ma chère fille,

venez à Dieu votre Créateur et soyez éclairée, et
vous ne serez point confondue ; sacrifiez-lui le
sacrifice de justice et espérez-en lui, car il vous
montrera le bien. »

Après ce touchant dialogue, rendu plus émouvant encore par les liens naturels qui unissaient
les deux interlocuteurs, Sabine, d'une voix très-
distincte et très-claire, pleine d'une joie qu'aucune émotion ne faisait trembler, prononça les
grandes paroles que voici :

« O cieux, entendez ce que je dis, que la
terre écoute les paroles de ma bouche. C'est
à vous, ô Jésus, mon Sauveur, que mon cœur
parle, encore que je ne sois que poudre et
cendre. O mon Dieu, je vous fais vœu de vivre
en perpétuelle chasteté, obéissance et pauvreté,
selon la règle de saint Augustin et les constitu-
tions de la congrégation de Notre-Dame de la
Visitation ; pour l'observation desquelles j'offre
et consacre à votre divine Majesté et à la sacrée
Vierge Marie, notre mère, notre Dame, et à la-
dite congrégation, ma personne et mà vie.
Recevez-moi, ô Père éternel, entre les bras de
votre paternité, afin que je porte constamment
le joug et le fardeau de votre saint service, et
que je m'abandonne à jamais totalement à votre
divin amour, auquel derechef je me dédie et

consacre. O très-glorieuse, très-sacrée et très-
douce Vierge Marie, je vous supplie, pour l'a-
mour et par la mort de votre Fils, de me recevoir sous votre protection maternelle. Je choisis
Jésus, mon Seigneur et mon Dieu, pour l'unique objet de ma dilection. Je choisis sa sainte
et sacrée Mère pour ma protection, et la congrégation de céans pour ma perpétuelle direction. Gloire soit au Père, et au Fils, et au Saint-
Esprit. Ainsi soit-il. »

Tout était dit, le sacrifice accompli. La fiancée de Jésus-Christ appartenait à son divin
Époux pour l'éternité.

Le prêtre, s'approchant de la grille ouverte, lui
passa au cou le ruban noir et la croix d'argent
qui devait toujours reposer sur son cœur. Il lui
donna le voile noir des religieuses, qu'il avait
bénit auparavant, pour remplacer sur son front
le voile blanc des novices, avec ces belles paroles :

« Ce voile sera sur vos yeux contre tous les
regards des hommes, et un signe sacré, afin que
nous ne receviez jamais aucun signe d'amour
que celui de Jésus-Christ. »

Puis, revêtue de la sainte livrée du cloître
qu'elle ne devait plus quitter que pour celle du
tombeau, elle se coucha par terre; on étendit

sur elle un drap noir, et ses sœurs chantèrent
sur la vierge qui venait de mourir au monde
le psaume que l'on chante sur les chrétiens
trépassés, au jour de leurs funérailles. Moment
déchirant et sublime, qui arrache de tous les
yeux des larmes de douleur et d'admiration, et
qui fait comprendre, mieux que toutes les expres-
sions et tous les discours, l'étendue du sacrifice
et du renoncement que s'imposent les âmes
vouées à la vie religieuse.

Quand les prières furent achevées, quand celle
qui était sous le drap mortuaire se releva, l'é-
pouse de Jésus-Christ était consommée, Sabine
de Ségur n'était plus; elle avait fait place à la
sœur Jeanne-Françoise.

Je me trompe; Sabine vivait toujours, avec
sa douceur, sa joyeuse simplicité, sa tendresse
profonde pour tous les siens, avec tout le cortége de ses charmantes qualités et de ses vertus.
Elle vivait, comme la fille, la sœur, l'amie vivent
dans l'épouse. Et quoiqu'elle se fût immolée
tout entière à Jésus crucifié, ses parents, ses
amis devaient la conserver tout entière aussi.
C'est ce que montrera la suite et la fin de cette
histoire.

## CHAPITRE VI

Je n'ai pas besoin de rappeler longuement ici
ce qu'est l'ordre de la Visitation. Saint François de Sales en fut le fondateur, sainte Jeanne
de Chantal la Mère et la première supérieure. Le
doux évêque de Genève fit passer son angélique
suavité dans la règle de ce nouvel ordre religieux. Il demanda et obtint de ses filles une
obéissance absolue dans un parfait amour, la
joie spirituelle dans une continuelle mortification de l'esprit, la paix et la victoire incessantes
dans un incessant combat. Il voulut que les
sœurs de la Visitation s'épanouissent comme des
fleurs du paradis dans la pauvreté, dans l'humilité, dans la charité de Jésus-Christ, et qu'elles
répandissent autour d'elles et bien au delà des
grilles de leur cloître la bonne odeur des mys-
tiques vertus.

Le monastère d'Annecy en Savoie fut la première maison du nouvel ordre, sous la direction
de M<sup>me</sup> de Chantal, qui y amena avec elle ses

deux filles. Nulle histoire n'est plus belle et n'a
été plus odieusement dénaturée que celle de
l'entrée en religion de cette femme incomparable.
Les impies ou les ignorants disent et croient
peut-être qu'elle abandonna ses enfants pour
aller s'ensevelir et les oublier au fond d'un
cloître. Elle fut, au contraire, le modèle des
mères, comme elle avait été le modèle des
épouses. Veuve, elle garda son fils auprès d'elle
bien au delà de l'âge où les jeunes garçons restaient d'ordinaire confiés aux soins de leurs
mères. Ce fut seulement quand il eut quatorze
ans, et qu'il fallut le laisser partir pour commencer sa carrière militaire, qu'elle songea à
suivre l'appel que Dieu lui avait depuis longtemps
adressé. Le désespoir qu'il témoigna quand sa
mère le quitta est sans doute le prétexte et le
point de départ de toutes les calomnies dont on
a cherché à flétrir la mémoire de la sainte
veuve. Jusqu'à sa mort, il lui conserva et lui témoigna une tendresse passionnée.

Quant aux deux filles de M<sup>me</sup> de Chantal,
comme je viens de le dire, elle les emmena avec
elle à Annecy : ce furent les premières élèves
de la Visitation. L'aînée épousa un jeune frère
de saint François de Sales : devenue veuve
après un an de mariage, elle alla rejoindre sa

mère au couvent et mourut bientôt entre ses
bras. M^me de Chantal en eut un tel chagrin, qu'au
moment où sa fille expira, elle tomba sans connaissance, et qu'elle fut quelque temps entre la
vie et la mort. Sa seconde fille grandit près de
sa mère et ne la quitta que pour se marier.

J'ajoute que sainte Jeanne de Chantal en quit-
tant le monde abandonna à ses enfants toute sa
fortune et même son douaire, et qu'elle entra
absolument pauvre dans l'ordre qu'elle fondait.
Voilà comment savait aimer et se dévouer cette
sainte femme dont on a voulu faire un type d é-
goïsme et d'indifférence monacale. La Visitation resta toujours fidèle à son esprit, et l'on
voit qu'en gardant à ses parents sa tendresse
ardente et dévouée, Sabine ne faisait que continuer les traditions de celle dont elle portait le
nom vénéré.

Les jeunes filles élevées au couvent de la
Visitation de la rue de Vaugirard n'étaient pas
assez nombreuses pour que toutes les religieuses
dussent s'occuper d'elles. Sabine ne fut pas employée d'abord au pensionnat. Sa part de vie
active fut absorbée presque entièrement par la
correspondance de la communauté, dont la supérieure lui confia le soin. Les couvents de la
Visitation ont une seule et même règle, un seul

et même esprit ; mais ils n'ont pas de supérieure
générale. Chaque maison forme un tout complet,
indépendant des autres. Mais la règle établie par
le saint fondateur est si scrupuleusement observée
dans toutes et son esprit est partout si vivant,
que l'unité la plus complète règne entre tous les
monastères. A ces liens spirituels et souverains
de la règle et de l'esprit, les membres de cette
grande famille ajoutent celui d'une correspondance assidue. Chaque communauté est en
union avec toutes les autres par la relation suivie
de ce qui se passe d'édifiant dans son sein, par
le récit des faits spirituels ou temporels qui l'in-
téressent, par le compte-rendu des saintes vies
et des saintes morts dont elle est le théâtre et le
témoin. C'est donc une tâche importante et
considérable à la Visitation, que celle de secrétaire de la supérieure, et Sabine s'y consacra
pendant près de deux ans avec autant de zèle que
de succès. Elle ne l'abandonna que quand sa
vue, de nouveau affaiblie, l'obligea de prendre
des ménagements qui malheureusement ne suf-
firent pas à la remettre.

Alors, elle dut s'occuper principalement du
pensionnat. Elle fut chargée de l'instruction
religieuse des enfants, et tant que ses forces le
lui permirent, elle se dévoua avec bonheur à ce

saint ministère. Parler de Jésus-Christ était sa plus grande joie, et elle en parlait avec autant de douceur que d'énergie. Simple, familière et profonde à la fois dans ses instructions, elle savait les mettre à la portée des plus faibles intelligences, ou plutôt elle savait élever ces petites âmes jusqu'à la hauteur des mystères qu'elle leur enseignait. Son enjouement naturel bannissait l'ennui de ses leçons, et Dieu, qui débordait de son cœur, se répandait dans ses paroles pour les rendre agissantes et fécondes. A l'approche de la première communion, elle redoublait de soins et d'ardeur. Elle n'avait qu'à se souvenir pour peindre en traits vivants les transports de l'âme qui s'unit pour la première fois à son divin Sauveur.

Les enfants, malgré l'étourderie naturelle à leur âge, l'écoutaient avec bonheur, parfois avec ravissement. Un jour, après une instruction sur la Messe, plusieurs élèves qui jusque-là avaient mis de la paresse et de la mauvaise volonté à se lever pour assister chaque matin au Saint-Sacrifice, vinrent trouver la sœur directrice du pensionnat et lui dirent : « Ma sœur Jeanne-Françoise vient de nous faire une instruction si belle sur la Messe, que nous ne voulons plus y manquer. Nous n'avions pas encore compris la grandeur et la beauté de la Messe : désormais, vous le verrez, ma sœur, nous ne nous ferons plus prier pour nous lever. » Et elles tinrent parole.

En parlant d'elle, elles l'appelaient *la sainte*. Elles trouvaient tant de charme à la voir prier qu'elles disaient naïvement aux autres religieuses : « Quand ma sœur Jeanne-Françoise fait la prière pour notre mois de Marie, nous sommes tentées de nous retourner de son côté et de la regarder plutôt que l'autel. Elle a l'air si pénétré, si angélique, que cela fait du bien à l'âme et qu'on ne peut s'empêcher de prier avec elle. »

Comme l'exercice lui était recommandé pour sa santé, on lui donna pendant quelque temps la charge de balayer la cour et le parloir du cloître. Une élève, toute jeune, la voyant un jour d'une fenêtre se livrer à cette occupation, en fut outrée d'indignation et de colère. Elle s'écria, frappa du pied. On voulut la faire rentrer, la faire taire. L'enfant s'irritait et criait de plus en plus fort : « C'est injuste! c'est injuste! — Mais, lui dit sa maîtresse, ce n'est pas une punition. Ma sœur Jeanne-Françoise est heureuse de nettoyer la maison du bon Dieu. — Je crois bien, répliqua la petite fille qui comprit

enfin et se calma, c'est une sainte! » Telle était
la vénération que Sabine inspirait aux élèves.

Quand ses forces décroissantes l'obligèrent de
se ménager davantage, elle sollicita et obtint du
moins la consolation de faire des instructions
particulières à quelques-unes des plus jeunes et
des plus nouvelles pensionnaires, et elle les continua jusqu'à l'année qui précéda sa mort. Enfin, dans les derniers temps de sa vie, alors
qu'elle ne pouvait plus instruire ces chères petites âmes par ses leçons, elle les instruisait
encore par sa vue. Ses sœurs lui disaient : « Allez vous promener du côté du pensionnat, cela
fera du bien aux enfants; vous leur parlerez du
bon Dieu. » Elle y allait en effet, et rien qu'en
la voyant passer et prier, les enfants sentaient
grandir en elles l'amour de Celui qui remplissait
si visiblement son âme.

Elle aimait aussi, alors que sa santé n'était
pas encore affaiblie, à s'occuper de l'instruction
religieuse des bonnes filles qui venaient au couvent avec le désir d'être sœurs converses. Plusieurs
d'entre elles n'apportaient que de la bonne volonté. Leur religion n'était pas très-éclairée, et
il fallait souvent leur rappeler et surtout leur expliquer le catéchisme. C'était pour Sabine une
grande joie de leur faire connaître et aimer

mieux son divin Jésus, et de leur parler de
lui : « Voyez-vous, disait-elle, je déborde du
bon Dieu ! J'en ai tant que je ne peux pas me
taire ; si je le renfermais en moi, j'étoufferais ! »

Parmi les sœurs, elle aimait particulièrement
ses compagnes du noviciat, qui avaient fait
avec elle l'apprentissage de la vie religieuse.
Elle les appelait en riant ses enfants, leur parlait avec plus d'abandon et possédait toute leur
confiance. Avait-on une difficulté, une peine
spirituelle ou temporelle, un embarras de conscience, un chagrin du dedans ou du dehors,
on venait à elle, on lui disait : « Ma petite sœur
Jeanne-Françoise, priez pour moi, j'en ai grand
besoin, cela presse. » Elle ne s'y refusait jamais,
vous consolait par des marques de tendresse
et de sympathie, parlait de Dieu, des choses
éternelles, animait au sacrifice, promettait l'assistance divine, tout cela avec une ardeur sereine et une confiance communicative. Puis
elle allait se mettre en prière, et le soir venu,
elle disait en souriant à ses compagnes : Je suis
*éreintée* de prier pour vous. Tâchez donc de ne
plus en avoir tant besoin. » C'est ainsi qu'elle
se donnait toute à tous et qu'elle passait sa vie
joyeuse en faisant le bien.

A défaut des pénitences corporelles volontaires qu'elle avait dû laisser presque toutes à
la porte de la Visitation, elle se faisait une loi et
conseillait aux autres d'accepter en esprit de
sacrifice les mortifications inévitables qui venaient de la nature elle-même. Habituée à
passer l'été au grand air de la campagne, elle
souffrait beaucoup de la chaleur. Elle se proposa
de ne pas dire un mot, de ne pas faire un geste
qui témoignât combien elle en était incommodée,
de ne pas même s'essuyer le visage à la chapelle, pendant qu'elle assistait au Saint-Office.
Elle fit prendre la même résolution à une de
ses compagnes du noviciat. Le soir, quand elle
avait manqué ou cru manquer à cette austère
pratique, elle s'en accusait humblement près de
son amie et elle ajoutait : « Vous le voyez bien,
e ne sais rien faire pour Dieu ; et cependant, je
l'ai là, je le sens, tenez! » Et elle appuyait ses
mains sur sa poitrine.

L'amour de Dieu, c'était en effet le fond de
sa vie, l'occupation la plus douce comme la plus
importante de sa journée, et tout ce qu'elle
pouvait arracher aux devoirs de la vie active,
elle le donnait à la contemplation. Dieu présent dans l'Eucharistie était l'aimant souverain
qui l'attirait incessamment et dont il lui était

impossible de rester longtemps éloignée : elle y tendait de toutes les puissances de son âme : « Dès que j'entre au chœur, disait-elle à une de ses compagnes, c'est fini ! » Le monde tout entier disparaissait ; elle restait seule à seule avec son Dieu !

D'après le témoignage unanime des sœurs qu'elle édifia pendant dix ans, elle leur représentait, dans ses rapports avec le divin Maître, l'apôtre saint Jean reposant au Cénacle sur la poitrine du Sauveur. Elle semblait ne connaître que le sein et le cœur du bien-aimé, son âme était un vrai foyer d'amour. Simple, innocente et confiante comme un petit enfant, elle exprimait par de naïves et profondes paroles ses transports et les délices de son union avec Dieu. « Je brûle, je nage dans l'amour ! Notre-Seigneur m'absorbe ! » disait-elle. Puis, elle demandait à ses compagnes si elles n'éprouvaient pas les mêmes effets. Si quelqu'une, conduite par une autre voie, lui répondait qu'elle n'entendait rien à ces impressions sensibles, Sabine n'ayant pas fait encore l'expérience des états pénibles de la vie spirituelle, s'écriait en secouant la tête : « Chère amie, votre état m'inquiète ; je crains que vous ne soyez dans la tiédeur ; il faut que je vous réchauffe... » Alors elle lui citait et commentait quelque parole de l'Écriture ou des saints Pères, qui ne manquait jamais de produire une impression d'amour dans le cœur de celle qui l'écoutait.

Un jour, elle ouvrit un livre et tomba au hasard sur ces paroles : « L'amour ne vit que d'excès ! » Elle eut de ceci une intelligence, qui pendant un assez long temps la réduisit, ainsi qu'elle le disait elle-même, à une sorte d'ivresse spirituelle.

Le Saint-Sacrement, la sainte Communion étaient toute sa joie. Outre les moments prescrits par la règle, elle passait au pied des autels tous ses instants libres. Quand elle avait pu satisfaire pleinement cet attrait suprême de son âme, elle disait joyeusement à ses sœurs : « Aujourd'hui, je m'en suis donné ! » C'est avec cette simplicité qu'elle parlait des choses de Dieu comme de toutes choses. On ne pouvait s'empêcher de sourire presque à chacune de ses paroles, mais ce sourire n'ôtait rien à l'admiration qu'inspirait la présence continuelle et presque visible de Jésus-Christ en elle.

Adorer, aimer le Sauveur, le posséder en son cœur, c'était comme l'aspiration et la respiration de sa vie spirituelle. Elle avouait qu'elle ne souhaitait pas de mourir, parce que déjà, sur la terre, elle possédait le ciel dans son cœur. « Au ciel, disait-elle, on ne communie plus! » Une sœur lui dit que, puisqu'au ciel tous les désirs sont remplis, elle y aurait certainement à sa disposition un autel et une hostie. « C'est un ciboire tout plein qu'il me faut! » s'écria-t-elle avec une expression toute céleste.

Pendant quelque temps, elle fut chargée de sonner les cloches : ce fut d'abord pour elle un sujet de continuels et douloureux sacrifices ; absorbée en Dieu, elle s'oubliait sans cesse devant le Saint-Sacrement et n'entendait pas le signal que devait lui donner l'horloge du couvent. De même, quand il lui fallait interrompre son adoration pendant la Messe pour dire le *Confiteor* et disposer la nappe avant la communion, elle pleurait souvent et disait : « Je ne peux pas entendre la Messe ainsi ! »

Une de ses compagnes, qu'elle aimait particulièrement, lui ayant demandé ce qu'elle disait

Dieu pendant les longues heures qu'elle passait en sa présence, elle lui répondit : « Je ne parle pas, j'aime, j'adore! Je m'abîme dans mon bon Jésus! Je lui livre les recommandations qui m'ont été faites, mes intentions particulières, les besoins de la sainte Église, du Saint-Père, ceux de la communauté, ceux de tout l'ordre.

Que voulez-vous? je ne sais qu'aimer mon Jésus, et encore je ne sais le faire qu'à ma manière, c'est-à-dire ainsi qu'il me l'a appris lui-
même. Du reste, comme lui et moi nous ne
sommes qu'un, c'est tout simple qu'il fasse ce
que je ne sais pas faire. Et puis, quand c'est lui
qui présente nos demandes à son Père, nous
sommes bien plus sûrs d'être promptement
exaucés.

» C'est aussi mon Jésus qui est la préparation
à mes communions, puis mon action de grâces.
Quand je l'ai dans mon cœur, je lui dis : « Mon
bon Sauveur, aimez-vous en moi, glorifiez-vous
en moi, priez en moi ! » En faisant ce qu'il
veut, il fait toujours ce que je veux moi-même,
et moi je jouis du bonheur que sa présence
réelle apporte dans mon âme ou je le retiens le
plus que je peux. »

Malgré ces ardeurs d'amour, elle craignait
toujours de ne point aimer assez. Entendant un
jour une de ses sœurs dire qu'il fait bon de
prier la nuit quand on se réveille, elle s'écria :
« Quoi ! vous vous éveillez la nuit et vous pensez à notre Seigneur ! Et moi qui crois tant l'aimer, je m'endors tout de suite et je ne me
réveille pas pour penser à lui ! les saints n'auraient pas fait ainsi ! » Cette pensée la préoc-

cupa longtemps, et comme on l'en plaisantait
en récréation, elle répondit sérieusement : « Je
me suis confessée, comme d'un manque d'a-
mour, de ne pas me réveiller pour penser à
mon Dieu, même les nuits qui précèdent mes
communions...., et pourtant, ajouta-t-elle,
quand je communie, je brûle! » *Je brûle* était
son mot habituel quand elle parlait de Notre-
Seigneur. Ne souriez point, vous qui n'aimez
pas assez pour comprendre : c'est le mot de
saint François d'Assise, et de toutes les âmes
que Dieu remplit, c'est le mot même de l'a-
mour. Quelquefois elle saisissait le bras d'une
de ses compagnes au milieu d'une conversation
ou d'une occupation commune et lui disait :
« Je brûle, ma chère amie, je brûle. Ne brûlez-
vous pas aussi comme moi ? » A l'approche des
grandes fêtes, ces transports d'amour redou-
blaient, et comme un foyer céleste, elle communiquait ses flammes à tout ce qui l'entourait.

Au commencement de sa maladie, lorsque déjà
la fièvre la reprenait chaque soir, une des sœurs
qui la soignaient, sentant sa peau brûlante, lui
conseillait de se reposer... « Ma pauvre fille,
lui répondit-elle avec son esprit de joie ordinaire, vous n'y entendez rien. Vous ne comprenez donc pas que c'est de l'amour divin que je

brûle ? » Souvent aussi, elle répétait cette parole
de saint Jean : « Dieu est amour, et celui qui demeure en Dieu demeure dans l'amour. » Puis
elle ajoutait : « C'est comme cela que je suis, je
suis dans l'amour ; j'y nage, j'y nage ! »

Plus d'une fois, elle donna à entendre qu'elle
espérait mourir d'amour. Il est certain que cette
ardeur dévorante contribua puissamment à con-
sumer une vie qui, selon les apparences, ne
devait pas sitôt finir. Ses sœurs se le disaient
entre elles : « Si notre sœur Jeanne-Françoise
continue, elle n'ira pas loin. » Une des religieuses les plus saintes et les plus expérimentées,
presque effrayée de ces ivresses spirituelles, lui
dit un jour : « Vous êtes comme le vin nouveau ! » C'était vrai, Jésus-Christ, l'Époux divin,
voulait le boire ainsi à la table de son Père.

A l'occasion de la mort d'une de ses compagnes, qui s'était endormie paisiblement entre les
bras du Seigneur, elle dit ces paroles, où sa
douce et sainte âme apparaît tout entière :
« Pour moi, si Dieu m'appelait aujourd'hui,
j'irais à lui sans crainte, sans regret ; car je l'ai
toujours aimé lui tout seul, et je ne lui ai jamais
rien refusé. Même au milieu des joies et des fêtes
de famille, les seules où je trouvais de la douceur et où je prenais ma bonne part de plaisir,

mon Jésus avait aussi la sienne, je la lui faisais
grande, ainsi qu'il me la demandait. Du reste,
j'avais peu de mérite en cela, puisque j'étais
sûre que les petits sacrifices qu'il m'imposait,
me seraient payés par d'abondantes consolations
intérieures.—Ce n'est pas moi qu'il en faut louer,
ajouta-t-elle en voyant l'émotion de celle qui
l'écoutait, c'est mon bon Jésus! C'est lui qu'il
faut remercier ; car c'est sa grâce qui m'a faite
ce que je suis! C'est lui qui m'a mis au cœur
l'amour dont je l'aime et qui m'a fait le préférer
à tout. »

Elle garda un instant le silence, comme absorbée en Dieu, puis elle reprit : « Cependant,
si je mourais aujourd'hui, j'aurais un regret,
celui de ne m'être pas assez humiliée. Je vois
positivement que ce trait de ressemblance avec
mon Sauveur me manque. Jusqu'ici je n'ai
pensé qu'à l'aimer ; maintenant, je sens qu'il
veut que je m'anéantisse avec lui. » Puis, s'in-
terrompant brusquement : « Voulez-vous prendre
avec moi la résolution de ne plus chercher à
nous justifier de rien ? » Sur la réponse affirma-
tive de son amie, elle parut joyeuse et ajouta :
« L'union fait la force ! »

Quelques jours après, reprenant cette conversation que je rapporte tout au long parce qu'elle

me semble vraiment angélique, elle dit à sa compagne : « Eh bien, ma pauvre sœur, comment faites-vous vos affaires au sujet de l'humilité? Pour moi, je ne trouve pas la pratique aisée : J'ai failli bien des fois. Je crois que mon Jésus a pris à tâche de m'humilier en me prouvant en toute rencontre que je ne sais pas m'humilier. Après tout, si malgré mon désir et ma bonne volonté, il veut continuer à faire toute la besogne tout seul, c'est son affaire ; je ne veux pas perdre ma paix pour cela. »

Est-il nécessaire d'ajouter, après cet humble aveu, qu'elle possédait à un haut degré cette humilité qu'elle s'accusait de ne pas avoir? Ses compagnes étaient à chaque instant témoins de ses victoires. Reconnaître et confesser d'elle-même ses plus légers manquements était sa pratique ordinaire. Lui faisait-on quelques observations, elle se contentait de remercier par un sourire, ou si la charité lui conseillait de répondre, elle disait doucement : « C'est bien vrai — je ne l'avais pas remarqué — j'y ferai plus d'attention — pardon — merci. » Quand elle faisait aux enfants du pensionnat, des instructions religieuses, elle consultait toujours les sœurs qui s'en occupaient avec elle et suivait leurs conseils avec une admirable docilité. Lui arrivait-il, dans le cours d'une instruction, de dire quelques-unes de ces aimables naïvetés qui lui étaient familières et qui provoquaient chez les élèves un sourire ou un mouvement de surprise, elle disait aux sœurs après la leçon : « Pourquoi donc ont-elles ri ? Est-ce que je leur ai dit une bêtise ? Si cela m'arrivait vous m'avertiriez, n'est-ce pas ? » Et il fallait qu'on lui en fît la promesse.

Cette humilité jointe à la douceur lui semblait naturelle. Elle ne disait jamais un mot qui pût faire de la peine au prochain. Si elle croyait l'avoir fait par inadvertance, elle en demandait pardon à l'instant même. Cordiale et affable avec toutes ses sœurs, elle aimait à témoigner plus de familiarité et de tendresse à celles qu'elle savait d'une condition inférieure à la sienne. Son amie la plus intime fut une pauvre sœur converse qui ne savait pas l'orthographe, mais qui savait l'art plus grand d'aimer Dieu et dont la bouche parlait de l'abondance du cœur. Plus d'une fois, elle exprima le regret de n'être pas elle-même une simple sœur converse, et quand elle perdit un œil, elle s'en consola en pensant que cette infirmité éloignait d'elle le fardeau des dignités : « J'aime mieux, répétait-elle, être aveugle qu'être supérieure. »

Quant aux vertus spéciales de la vie religieuse, elle les pratiquait à un degré éminent. Elle paraissait dans ses rapports avec ses supérieures comme un petit enfant, soumise et dépendante, non-seulement d'effet, mais de volonté et de jugement. Sa fidélité à la règle était absolue, et son esprit de simplicité, cette liberté des enfants de Dieu qu'elle portait dans sa dévotion, ne l'empêchaient pas de s'assujettir aux plus petites pratiques de l'observance. Rien n'est petit d'ailleurs pour qui voit et fait tout en Dieu. L'esprit de foi transformait et agrandissait à ses yeux les plus humbles fonctions : elle les remplissait toutes avec une joie extrême. Le soin de sonner la cloche l'affligea d'abord parce qu'il la dérangeait souvent de sa prière. Mais un saint prêtre lui ayant dit un jour qu'elle était l'ange du monastère puisqu'elle appelait et conviait ses sœurs au pied des autels, elle fut toute consolée et réjouie de cette pensée et remplit dès lors cette charge avec une pieuse allégresse.

Elle ne faisait aucune des actions religieuses par coutume et se gardait de la routine, cette ennemie mortelle de la dévotion. Elle animait tous ses actes de l'esprit intérieur qui est la vie de l'âme consacrée à Dieu. Aussi était-on édifié en lui voyant faire les choses les plus communes,

comme de prendre de l'eau bénite en entrant à la
chapelle, de s'agenouiller, de réciter une courte
prière ; tout en elle annonçait le respect des choses
saintes et l'élévation constante de son cœur vers son
unique Bien-aimé. A mesure qu'elle avançait dans
sa vie religieuse, elle pénétrait de plus en plus dans
l'esprit de saint François de Sales : « Notre saint
fondateur avec son air doux ne laisse rien à la
nature, disait-elle à ses compagnes. Il attaque,
il prend tout sans en avoir l'air ; on le comprend
mieux chaque jour ! » — Je suis très bien avec
saint François, » dit-elle un jour à son frère, et elle
semblait prête à lui faire des confidences spirituelles ; mais elle se tut et n'en dit pas davantage,
pensant sans doute qu'il était plus humble de
garder pour Dieu seul les secrets de Dieu.

Sa fidélité parfaite à observer la règle et sa
crainte d'y manquer lui causa un jour un singulier scrupule. Étant chargée de laver les burettes
qui servaient pour la messe, elle se voyait dans
le plateau de cristal et s'y regardait avec une
joie d'enfant, heureuse, disait-elle, de voir le
visage de quelqu'un qui aimait beaucoup le
bon Dieu. Tout à coup, la pensée qu'elle s'était
mirée contrairement à la règle, la saisit et la jeta
dans un trouble douloureux. Son directeur, qui la
vint heureusement voir à ce même moment, put

seul la rassurer. « Mon enfant, lui dit-il en souriant et pour toute réponse, dans l'histoire de votre vie, il y aura le chapitre des naïvetés, et ce scrupule y trouvera sa place. »

Douce et compatissante à toutes les misères, elle aimait à parler de la miséricorde de Dieu ; mais elle se préoccupait aussi de sa justice. Les iniquités politiques et sociales, privées et publiques, dont le bruit arrivait jusqu'à elle, l'effrayaient et l'indignaient : elle priait et faisait prier pour l'accroissement du règne de Jésus-Christ dans les âmes. « Il faut que la justice de Dieu s'accomplisse, disait-elle, on n'y pense pas assez. C'est un de ses attributs, et il est tant offensé ! On prie toujours pour être délivré des calamités, et l'on ne pense pas à réparer les outrages faits à sa gloire ! » Elle priait à cette intention devant une image de la sainte Face, qui se trouvait dans le vestibule de la chapelle. Comme on lui demandait ce qu'elle disait à Dieu dans cette prière, elle répondit : « Je demande au Père éternel qu'il regarde la face de son Fils en réparation des outrages qu'il reçoit et pour le salut des pécheurs. »

Telle était la vie de Sabine dans ses rapports avec Dieu et avec ses compagnes : elle peut se résumer en un mot qui dit tout, parce qu'il est

l'abrégé de la loi et des prophètes, la charité.
Elle aimait Dieu en toute vérité, et en toute
simplicité, et elle aimait le prochain comme
elle-même pour l'amour de Dieu. Elle répandait
dans tout le monastère le parfum d'une âme
vraiment céleste, et l'on peut dire d'elle, sans
être accusé d'exagération, qu'elle était, autant
que le comporte la faiblesse humaine, la servante fidèle et la digne épouse de Jésus-Christ.

# CHAPITRE VII

Les relations de Sabine avec Dieu par l'adoration et la contemplation, avec ses compagnes par la charité, ne remplissaient pas sa vie au point de n'y laisser aucune place pour la famille, les pauvres et le souci des âmes. Le cloître, qui sépare matériellement les religieuses du reste du monde, ne les en isole pas moralement. Il ne les ensevelit pas, comme beaucoup se l'imaginent, dans je ne sais quel égoïsme béat et mystique qui les rendrait insensibles aux affections et aux intérêts extérieurs. La sainteté dilate l'âme au lieu de la rétrécir. La source de l'amour est une : de Dieu, son principe et son éternel objet, il se répand sur les créatures de Dieu, et c'est une règle presque sans exception que les âmes les plus pures sont aussi les plus tendres et les plus aimantes.

Cette grande loi morale resplendissait en Sabine avec une lumineuse beauté. Elle se donnait toute à tous et à chacun en particulier.

Nulle âme, mise en rapport avec la sienne, nulle souffrance, nulle misère physique ou morale, ne lui semblaient indifférentes. Elle apportait à les servir et à les consoler l'ardeur qu'elle mettait à aimer son divin Jésus. D'abord et par-dessus tout, elle les aidait par la prière, de tous les secours le plus efficace et le plus ordinairement négligé. Son oraison pour ceux qu'elle aimait, pour le soulagement des pauvres, pour la conversion des pécheurs, était continuelle. Elle ne laissait passer aucun anniversaire de famille, aucun jour de naissance, de fête ou de deuil, sans le consacrer par de longues prières et presque toujours par une fervente communion, doublement heureuse ainsi de donner et de recevoir. Si la règle et le temps le lui permettaient, elle adressait aux siens ce jour-là quelques lignes sorties toutes brûlantes de son cœur. Au jour de l'an, à Pâques, à l'époque des premières communions, elle ne manquait pas d'envoyer à ses neveux et nièces quelque souvenir de la Visitation, une image, un petit objet travaillé de ses mains, aussi touchant par sa pauvreté que par l'intention de celle qui le donnait. Ces étrennes de la Visitation étaient fort chères aux enfants de la famille, d'autant plus que les bonnes sœurs y ajoutaient invariablement des gâteaux et des bonbons qu'elles faisaient elles-mêmes, mais dont elles ne mangeaient pas.

Comme elle pensait à ses parents, Sabine pensait à ses pauvres. Elle leur restait unie par la prière et par la charité. Avec la permission de ses supérieures sans lesquelles rien ne se peut faire à la Visitation, elle leur écrivait, les encourageait du fond de son monastère, et ne pouvant plus donner, elle leur faisait donner par ceux qui n'avaient pas comme elle contracté une alliance indissoluble avec la pauvreté. Il est des personnes qu'elle a fait vivre ainsi pendant des années par le double secours de son affection et de ses aumônes, et qui sans elle seraient mortes de désespoir et de misère. Rien ne l'arrêtait quand il s'agissait de venir en aide à quelqu'un de ces malheureux déshérités des biens de la terre. Elle écrivait, quêtait, implorait, se faisait mendiante pour l'amour de Jésus-Christ. Ces démarches lui coûtaient beaucoup : « Allons, disait-elle en soupirant à la sœur qui lui servait de secrétaire quand ses yeux lui refusaient leur office, allons, il faut nous mettre à l'œuvre et écrire plusieurs lettres pour secourir une malheureuse famille. Il m'en coûte bien, mais n'importe, il faut faire cela pour Notre-Seigneur.

Cela nous vaudra bien une bonne oraison. »

Le nombre des aumônes qu'elle obtint ainsi, pendant son séjour à la Visitation, est incalculable. Elle était ingénieuse à saisir toutes les occasions pour demander et faire donner. Aucun heureux événement ne se passait dans la famille sans qu'elle s'y associât à la fois par son action de grâces et par une demande pour les pauvres. Son père avait l'habitude, quand elle était dans le monde, de lui donner de l'argent pour ses étrennes. Entrée au couvent, elle le pria de vouloir bien lui continuer ces étrennes dont elle avait plus besoin que jamais, n'ayant plus à donner que ce qu'on lui donnait à elle-même. Son père y consentit de grand cœur, et jusqu'à sa mort, il lui apporta au jour de l'an son tribut accoutumé, sans compter tous ceux qu'elle prélevait sur lui pendant le cours de l'année.

Mais au-dessus des secours temporels, elle plaçait toujours les intérêts spirituels de ceux auxquels elle s'intéressait. Un jeune homme avait obtenu par ses démarches et le concours bienveillant d'un des membres de sa famille, une place dans une compagnie de chemin de fer. Elle en fut d'abord toute joyeuse, mais elle apprit bientôt que le nouvel employé était tellement occupé qu'il se trouvait dans l'impossibilité

d'entendre la messe le dimanche et de remplir
ses devoirs religieux. Désolée de la pensée que
les intérêts de cette âme étaient sacrifiés à ceux
de la vie matérielle, elle se remit en campagne
et n'eut pas de cesse qu'elle ne lui eût obtenu
un changement de position. A force de prières et
d'instances, elle y réussit enfin, à sa grande joie
et à celle de son protégé, bon et fervent chrétien.
« Il faut toujours, lui écrivait-elle à cette occasion, faire passer le devoir religieux en premier ;
car souvenez-vous bien que notre âme a besoin
d'être nourrie autant et plus que notre corps ; or,
ce qui la nourrit, c'est la prière et la réception
des divins sacrements. »

Elle ne se contentait pas de penser à sa famille, de prier pour ceux qu'elle aimait, de quê-
ter par lettres pour ses pauvres. Elle se donnait
plus directement à tous au parloir : jamais elle
n'hésitait à quitter les pieds du Sauveur pour
aller trouver les personnes qui venaient du dehors frapper à la porte de son cœur. Le parloir
joue un rôle considérable dans les couvents
cloîtrés. C'est le point de communication des
religieuses avec le monde qu'elles ont quitté, le
lieu où les âmes, les personnes, les intérêts du
dedans et du dehors se rencontrent, où la nature
et la grâce, les choses du ciel et de la terre se

donnent rendez-vous et se pénètrent mutuellement. Le parloir voit couler bien des larmes
dont il change souvent l'amertume en douceur;
il entend bien des confidences, il est témoin
aussi de joyeux entretiens, et ses échos pour-
raient répéter de gais et francs éclats de rire;
car les religieuses ressemblent en beaucoup de
points aux enfants, et à elles s'applique admirablement cette belle parole de l'Évangile : « Laissez les petits venir à moi, car le royaume de
Dieu est pour ceux qui leur ressemblent. » C'est
par le parloir que leur sérénité, leur charité,
leurs aimables vertus passent et rayonnent aux
yeux du monde, comme elles rayonnent aux
yeux toujours ouverts de Dieu, dans l'obscurité
de leurs cellules et les saints mystères de leur
vie cachée.

A la Visitation, la grille qui sépare le parloir
en deux parties par respect pour la clôture,
n'empêche nullement les religieuses de voir ni
d'être vues. Elle n'empêche même pas leurs parents de leur donner la main, et Sabine aimait
à garder dans les siennes celles des enfants qui
venaient la voir. Nulle règle étroite d'ailleurs
pour les jours et les heures de parloir. Sauf les
époques de pénitence, telles que le Carême et
l'Avent, et le moment des offices, sauf aussi

l'autorisation de la supérieure qui est toujours demandée, les religieuses y peuvent être appelées en tout temps, et l'esprit le plus large et le plus confiant préside à leurs relations avec leur .amille.

Dans les premiers mois qui suivirent son entrée en religion, Sabine fut assiégée de visites, non-seulement de la part de ses parents, mais des nombreux amis qu'elle avait laissés dans le monde. Elle s'inquiéta d'abord de ce concours qui l'appelait sans cesse au parloir et la troublait dans son recueillement. Mais ses supérieures la rassurèrent. Elles lui firent comprendre que c'était un devoir de charité de répondre affectueusement à des preuves si touchantes d'affection et lui prédirent d'ailleurs que ce beau zèle se refroidirait bien vite, et que chaque mois, chaque semaine verrait diminuer le nombre de ses visiteurs. La prédiction se réalisa de point en point. Les religieuses sont mortes au monde, et le monde oublie vite les morts. Son père, sa mère, ses frères et sœurs seuls continuèrent à la venir voir assidûment. Quelques vrais amis, quelques parents tendres et pieux la demandèrent de loin en loin au parloir. La discrétion et plus encore l'oubli dispersèrent les autres visiteurs. Même, quand l'été éloignait de

Paris sa famille intime, elle restait quelquefois
des semaines entières sans autres visites que
celles des pauvres qu'elle avait secourus et qui
venaient à elle maintenant qu'elle ne pouvait
plus aller à eux. Elle avouait simplement et sans
aucun scrupule que l'absence de ses parents lui
était pénible, et quand une circonstance fortuite
les ramenait, en passant, à Paris et à la Visitation, elle leur témoignait une joie très-vive de
les revoir. Elle était si bien revenue de ses premières inquiétudes à ce sujet et témoignait tant
de joie quand l'un des siens venait la visiter, que
les sœurs l'appelaient en riant : *Notre-Dame du
Parloir.*

Elle s'intéressait à tous les événements de
famille comme du temps où elle participait à la
vie commune. Elle ne tarissait pas de questions
sur les enfants, sur leurs progrès, sur l'état de
leurs petites âmes, sur la santé de tous, sur les
projets de voyage de chacun. Elle demandait des
nouvelles de Bretagne et de Normandie, de ses
chères Nouettes, de la maison paternelle, des
paysans, des pauvres, des animaux même et des
grands arbres du parc qui avaient leur histoire
et leur nom et qui vivaient dans ses souvenirs.
Elle n'oubliait rien ni personne. Que de bons
conseils elle versa dans les esprits et dans les

cœurs à travers les grilles de son cloître ! Que
de petites blessures elle adoucit par l'huile de
sa charité, que d'irritations elle apaisa, que de
malentendus elle fit cesser, que de fardeaux elle
prit sur elle-même pour en décharger les épaules
fatiguées de ceux qui venaient lui confier leurs
peines ! Comme un ange du Ciel, elle avait le
don de mêler le baume des consolations divines
à toutes les misères humaines dont sa compassion
attirait la confidence, et de relever les cœurs lan-
guissants sous le poids des fautes ou des difficultés de la vie.

C'était pour elle une joie très-vive d'inviter de
loin en loin à déjeuner à la Visitation, avec la
permission de ses supérieures qui prévenaien
toujours ses désirs, son père, sa mère, ou quelqu'un de ses frères et sœurs. Ces jours-là, on
dressait la table dans un des parloirs, tout près
de la clôture. Les sœurs faisaient passer les plats
par le tour placé dans un des coins de la salle,
et Sabine assistait à travers la grille à ces modestes et gais repas qui lui rappelaient sa douce
vie de famille.

Ce n'était pas tout encore ; une joie plus
grande, une réunion plus intime lui étaient
données presque tous les ans. La règle de la
Visitation permet que les bienfaitrices du mo-

nastère soient admises à faire des retraites dans la maison. Ma mère usait aussi souvent que possible de cette permission. Chaque année elle allait s'enfermer pour quelques jours avec sa fille. Elle habitait une cellule voisine de la sienne, l'accompagnait au chœur, au réfectoire, à la plupart des exercices de la communauté ; enfin elle passait avec elle la plus grande partie de ses journées C'était pour la mère et la fille une joie pure et sans mélange, et quoique ces retraites ne puissent pas être mises pour l'une ni pour l'autre au compte du sacrifice et de la pénitence, je suis assuré que ces jours-là, le divin Fils de Marie laissait tomber sur son épouse des regards cléments et satisfaits. Quand la sœur jumelle de Sabine venait à Paris, elle faisait à la Visitation des retraites du même genre, et les deux sœurs se retrouvaient pour quelques instants couchant sous le même toit et vivant de la même vie, comme aux jours déjà lointains de leur enfance.

Une des personnes chères qui venaient le plus souvent au parloir de la Visitation, qui y restaient le plus longtemps et s'y plaisaient davantage, son bon père, cessa le premier d'y paraître. Frappé d'accidents successifs qui rendaient sa marche pénible et chancelante, il

continua à se faire conduire en voiture, aussi
souvent que ses forces le lui permettaient, à
cette aimable maison où il retrouvait non-seulement sa fille, mais une famille tout entière.
Il y fit sa dernière visite au mois de juin 1863.
Quinze jours après, se trouvant chez un de ses
frères, à la campagne, où il avait été chercher
un peu de fraîcheur et de repos, il fut atteint
d'une violente attaque d'apoplexie. Avant de
songer au médecin, il demanda le prêtre, reçu
les sacrements en pleine connaissance, avec une
foi vive, une grande sérénité, et rendit son âme
à Dieu le 16 juillet, à quatre heures du matin.
Sabine, avertie de sa mort en même temps que
de sa maladie, le pleura comme une fille pieuse
pleure un père chrétien et tendrement aimé,
avec une douleur pleine d'espérances et de
consolations immortelles. Elle pria, fit beaucoup
prier pour lui, et son souvenir ne la quitta
jamais jusqu'au jour où elle alla le rejoindre
dans l'éternité.

En même temps que ses parents et ses pauvres,
j'ai dit qu'un autre intérêt attirait encore Sabine
au parloir : l'intérêt souverain du salut des
âmes. Le salut des âmes la dévorait, elle en
avait soif comme le Sauveur sur la croix. Les
limites du cloître ne pouvaient contenir cette

ardeur ; elle débordait au dehors, et par ses prières d'abord, puis par ses lettres, enfin par ses paroles, elle cherchait à agrandir incessamment le royaume de Dieu en ce monde et son règne dans les âmes. Une grande partie du temps qu'elle passait au pied du Saint-Sacrement était employée à prier pour la gloire de l'Église et pour la conversion des pécheurs. Elle pleurait, elle souffrait pour les pécheurs, elle les poursuivait devant Dieu avec une infatigable énergie. Jusque dans les bras de la mort, elle offrait encore ses souffrances, ses douloureuses insomnies, les heures de son agonie et ses prières suprêmes pour les âmes qui lui avaient été recommandées.

Je me contenterai de citer un exemple de ce zèle admirable qui fut un des traits distinctifs de sa foi, et de cette persévérance qui ne lui laissait abandonner une âme pécheresse que lorsqu'elle l'avait ramenée à Dieu. Elle avait conservé une véritable affection pour son vieux maître de dessin, qui était depuis bien des années l'ami de sa famille. Cet excellent homme offrait un singulier mélange de qualités et de défauts contradictoires. Il avait du cœur et de l'esprit, l'intelligence vive de son art : il tenait à la fois du véritable artiste et du plaisant d'atelier. Il contait gaiement, souvent avec esprit, et médisait sans le savoir

des gens même qu'il aimait. Il pleurait au récit
d'une belle action, à la vue d'une belle œuvre.
Rempli de préjugés contre les nobles et les prêtres en général, il les aimait en détail et se plaisait fort dans leur compagnie : révolutionnaire
qui prenait son fusil et son uniforme de garde
national pour défendre l'ordre, blâmant les actes
du gouvernement dont il redoutait la chute ;
croyant aujourd'hui, incrédule demain, suivant
les personnes qu'il avait vues, l'article de jour-
nal ou le volume qu'il avait parcouru dans la
matinée, au fond cependant hostile à l'Église
dont il avait quitté les pratiques depuis sa jeunesse, un de ces hommes honnêtes, bons et
incompréhensibles, qu'on peut amener assez
facilement à la porte du sanctuaire, mais qu'il
est presque impossib'e d'y faire entrer et surtout
d'y retenir.

Sabine s'attacha à la conversion de ce pauvre
homme qu'elle aimait avec une tendresse et une
persévérance admirables. Prières, souffrances
offertes à Dieu, longs entretiens au parloir, correspondance assidue, elle n'épargna rien. Il
l'écoutait avec déférence et attendrissement,
pleurait, lui témoignait une affection sincère et
pleine d'admiration, ne parlait d'elle que les
larmes aux yeux ; mais il lui opposait la résis-

tance invincible de l'inertie, ou plutôt les réso
lutions qu'il prenait devant elle s'évanouissaien¹
dès qu'il retrouvait ses mauvais amis et ses mauvais journaux. Enfin, la maladie aidant, il céda,
se confessa et communia plusieurs fois avant de
mourir. Il conservait religieusement les nombreuses lettres de Sabine et les relisait souvent
et toujours avec émotion. Je crois devoir en citer
plusieurs qui ont été retrouvées chez lui. Elles
feront assister le lecteur à ce siége émouvant
d'une âme poursuivie pendant près de dix ans
avec des alternatives de revers et de succès, et
elles montreront une fois de plus, dans leur douceur et leur force, les grandes qualités qui dis-
tinguaient Sabine et la rendaient presque irré-
sistible dans ses saintes entreprises.


                                    2 août 1858.


CHER MONSIEUR,

Ce n'est pas dans une des plus douces et plus
solennelles circonstances de ma vie que je pourrais vous oublier : je viens donc vous annoncer
que le 21 de ce mois, je prendrai le saint Habit,
c'est mon frère qui se chargera de me le donner.
J'ignore si vous serez alors à Paris, mais je suis.

persuadée que si vous vous y trouvez, vous voudrez bien vous unir à ceux de ma famille qui m'entoureront ce jour-là. C'est une preuve d'affection que je vous demande ; de mon côté, soyez assuré que je ne vous oublierai pas devant Dieu ; souvent déjà j'ai tenu la promesse que je vous ai faite de prier pour vous. Croyez, cher Monsieur, à mes sentiments bien affectueux,

Sœur Sabine de Ségur.

Ayant appris que sous l'empire de je ne sais quel sentiment passager, il s'était confessé, elle lui écrivait, le dimanche de la Passion :

17 mars 1861.

Dieu soit mille fois béni de ce qu'Il vient de faire en vous ! Cela ne m'étonne pas, il y a longtemps que j'avais le sentiment que vous vous rendriez enfin à Notre-Seigneur, et si dans le monde je priais déjà de tout mon cœur, sans vous le dire, pour votre chère âme, depuis que je suis ici, consacrée à Dieu, je partageais le désir ardent de notre bon Sauveur d'avoir votre âme tout entière à Lui !

Aussi ma seule prière, depuis quelque temps

surtout, est-elle de simplement dire pour vous :
« Seigneur Jésus, sauvez cette âme que vous
aimez tant ! » et je savais bien que cet amour ne
vous ferait pas défaut ! Oh ! combien vous devez
aimer Dieu, combien vous devez lui ouvrir entièrement la porte de votre cœur, à laquelle Il
frappait depuis si longtemps ! Quelle joie a dû
régner dans le ciel lorsque vous avez eu le bonheur de vous agenouiller aux pieds du Sauveur
pour revenir à lui ! Pour moi, j'en ai été bien
heureuse, et je redouble à présent mes prières
afin que vous puissiez désormais être tout à
Jésus-Christ et qu'Il vous compte au rang de ses
fidèles amis, dans ces temps d'épreuves pour
l'Église où il est impossible d'être chrétien à
demi !...

Je vous demande à mon tour une grâce : c'est
que lorsque pour la première fois cette année
vous aurez le bonheur indicible de vous approcher de Notre-Seigneur et de faire avec lui cette
Pâque qu'Il désirait depuis si longtemps, vous
disiez une petite prière pour moi, car à ce moment bienheureux, rien ne pourra vous être refusé ! Je vous demande aussi d'ouvrir quelquefois le livre de l'*Introduction à la vie dévote*, que
je vous avais laissé dans l'espérance qu'il vous
servirait un jour, ainsi que le saint Évangile,

pour vous apprendre à connaître chaque jour
davantage Celui à qui vous vous donnez ! Si vous
avez quelques instants après Pâques, je serai
bien heureuse de vous voir. — En attendant,
veuillez croire à l'affectueux dévouement avec
lequel je demeure

Votre humble et indigne sœur et servante
en Notre-Seigneur,

Sœur JEANNE-FRANÇOISE DE SÉGUR.

La joie de Sabine était prématurée ; ce qu'elle
avait pris pour un retour à Dieu n'était qu'une
velléité qui ne fut suivie de rien. Le 24 mai 1861,
elle lui écrit tristement :

. . . . . . . . . . . . . . . . . . . . . . . . . .

« ..... Lisez-moi comme je vous écris, avec une
simplicité et une affection toute en Dieu. Cette
parole que vous m'avez dite me revient sans
cesse : « J'attends du calme pour faire ce que
Dieu demande de moi ! » Je ne sais pas comment
je ne vous ai pas répondu ce que je vous dis en
ce moment ; ne croyez donc pas qu'il faille tant
de préparations et de difficultés pour s'approcher
du bon Dieu ! La seule qu'Il demande et que

vous avez déjà, c'est la bonne volonté ! « **Paix
aux hommes de bonne volonté.** » Et ce calme
que vous attendez, vous ne l'aurez jamais que
quand vous aurez *commencé tout de bon* à vous
unir à Dieu. C'est Lui et Lui seul qui donne la
paix, parce qu'Il est la paix par excellence.
C'est si simple, si facile d'aller à Dieu ! Ce ne
sont pas vos occupations extérieures qui peuvent
vous gêner ; ce n'est pas cela qu'Il vous demande
de changer pour aller à Lui ; le *temps* extérieur,
vous l'avez à présent comme vous l'aurez plus
tard, pour remplir vos devoirs de chrétien. Ainsi
donc ce calme que vous attendez, croyez-moi,
c'est une dernière ruse de l'ennemi qui par ce
faux raisonnement, veut vous éloigner de votre
bien. Comme Il voit que votre cœur, au fond, est
déjà à Dieu, il tâche en créant des difficulté ima-
ginaires de vous faire perdre le fruit de cette
bonne volonté ! Oh, si je pouvais vous faire sentir combien est facile à posséder ce trésor que
Notre-Seigneur vous présente en s'offrant lui-
même à vous ! Pourquoi attendre, puisqu'on sait
que c'est là et là seulement qu'il faut en venir,
pour avoir le salut et le bonheur ! Votre cœur
est tellement fait pour le bien, pour la vérité,
pour Dieu seul, qu'il n'aura de repos qu'en
Dieu. Il n'y a rien de si grand et en même temps

de si aisé que d'être chrétien, que d'entrer en
union avec Dieu !

. . . . . . . . . . . . . . . . . . . . .

Je suis tout étonnée d'être si simple avec
vous ; c'est Dieu qui fait cela. Il vous désire
tant, qu'il veut se servir de sa petite servante
pour arriver où il veut ! Je pense souvent, quand
je prie pour vous, à cette parole du Sauveur
dans l'Évangile :

« Ce n'est pas celui qui dit seulement : Sei-
» gneur ! Seigneur ! qui entrera dans le royaume
» des cieux ; mais c'est celui-là qui fait la
» volonté de mon Père. »

Cette sainte volonté, vous la connaissez ; que
Notre-Seigneur vous fasse la grâce de l'accomplir !

21 février 1863.

..... Le temps où nous sommes et qui
est pour nous un temps de grâces et de salut,
fera j'espère porter plus de fruit aux quelques
paroles que Dieu me dicte pour votre chère
âme, qui m'est à la fois un sujet de souffrance
et d'espérance devant Notre-Seigneur ! Je commencerai ma réponse par les paroles que vous-
même me dites à la fin de votre lettre : « Il

faut briser l'esprit pour arriver au cœur. » Oui,
votre esprit vous égare, vous fatigue, vous arrête,
et je dirai, vous *perdrait*, si je ne savais et
croyais que la force divine de l'amour de Jésus-
Christ parviendra à détruire l'obstacle et à sub-
juguer votre orgueil sous la loi de la vérité !
vous voulez tout comprendre avant de croire, et
moi je vous dis qu'il faut croire d'abord et que
vous comprendrez ensuite.

. . . . . . . . . . . . . . . . . . . . . . . . . . .

Si vous aviez le temps et la volonté, je vous
dirais : Étudiez, lisez, assurez-vous vous-même
de ce que je vous dis, car la vérité ne craint pas
la lumière ; mais à votre âge et si près de votre
éternité, ce n'est pas le temps de discourir, mais
d'agir et de se mettre promptement à l'œuvre
pour réparer ce temps perdu et préparer cette
éternité bienheureuse ! Vous en savez assez pour
croire, et quand votre esprit, si longtemps nourri
de préjugés, d'idées fausses et de calomnies
habilement déguisées, vous présentera des difficultés, au lieu de vous perdre à raisonner (ou
plutôt puisque nous parlons ici à cœur ouvert),
à déraisonner, brisez cet esprit, faites un acte
de foi et dites avec assurance : « Mon Dieu, je
ne comprends pas parce que je ne sais pas,
mais je crois. » — Je n'ai ni le temps, ni le

pouvoir de vous instruire ; mais je vous le
dis en présence de Dieu, au nom de ce
Jésus-Christ que votre cœur adore et aime ;
croyez-moi, je ne vous trompe pas ; j'ai pour moi,
contre ces esprits mauvais et insensés qui vous
font tant de mal, l'autorité de 18 siècles d'hommes
de science et de génie qui ont courbé leur intelligence avec amour sous cette loi divine et
bien-aimée de Jésus-Christ ! Si vous avez le courage de rompre avec cette société de prétendus
savants qui vous perdent et vous empoisonnent
sans que vous vous en doutiez, je vous réponds
que vous serez largement récompensé même en
ce monde, de ce sacrifice qui vous rendra la vraie
liberté de votre esprit et de votre cœur ; au lieu
d'écouter ces ennemis de votre âme, allez donc
plutôt entendre dans ces temps de salut où nous
sommes, la vraie parole de Dieu dont vous
avez tant besoin !

. . . . . . . . . . . . . . . . . . . . . . . . .

13 janvier 1864.

..... Oui, j'ai demandé et je demande encore
à Notre-Seigneur que vous compreniez combien
il est bon de commencer pendant que nous en
avons le temps et la liberté, ce qu'il est si bon

de faire au moment de la mort et ce qui est la suprême consolation et assurance de ceux qui s'en
vont comme de ceux qui demeurent, c'est-à-dire
d'aimer Dieu en vérité, de s'unir à lui, de se ré-
concilier avec lui, de se rapprocher de lui, par la
seule voie qu'Il nous a indiquée lui-même ! Voilà
ce qui occupe le cœur et ce qui est l'objet des
prières continuelles de celle qui reste toujours
avec la plus vraie affection et le plus entier dévouement en Notre-Seigneur, etc.

11 décembre 1864.

Cher Monsieur,

« Après vous avoir quitté, voici ce que le bon
Dieu m'a donné pour vous ; je vous l'écris tout
simplement ; lisez-le de même et en présence de
Dieu qui me presse de vous l'écrire. J'étais toute
triste parce que je sentais que vous ne connaissiez pas assez le grand mystère, fondement et
fin de toutes choses, qui est Jésus-Christ même.
Vous aimez l'Évangile ; c'est bon et vous êtes en
cela dans le chemin de la vérité ; mais ce n'est
pas tout ; c'est à Celui qui a fait l'Évangile qu'il
faut arriver ; je sais bien que vous croyez en Lui ;

vous m'en avez donné plus d'une preuve, Dieu merci ; mais cette foi en Jésus Dieu et homme, elle a besoin d'être affermie en vous, et si je puis le dire, d'être crue pratiquement et non pas seulement en théorie. Jésus-Christ, c'est tout le Christianisme, c'est la religion, car c'est Dieu se communiquant au monde, Dieu se manifestant au monde, Dieu qui dans cet adorable mystère de son Incarnation a voulu s'abaisser vers sa créature afin de lui donner sa propre vie, sa vie substantielle, sa même nature divine ! Et comme l'homme n'a pas seulement une âme, mais aussi un corps, Dieu ne s'est pas contenté d'être servi et adoré en esprit, mais il a voulu être glorifié par l'homme tout entier ; et c'est pour cela que, dans son amour, si grand qu'il est une folie aux yeux du monde, Dieu s'est fait homme afin qu'en la sainte humanité de Jésus, son divin Fils, nous lui soyons unis corps et âme ! Quel mystère ! *« La vie s'est manifestée à nous*, dit saint Jean, *nous l'avons vue de nos yeux, touchée de nos mains.* » Et il ajoute : « *Le Verbe s'est fait chair et il a habité parmi nous, et nous avons vu sa gloire qui est la gloire du Fils unique du Père.* »

Depuis l'avénement de Notre-Seigneur, il n'est donc plus suffisant à l'homme de penser à Dieu, de prier Dieu. Il faut encore que l'homme com-

munique visiblement avec Dieu, qui s'est rendu
visible à l'homme : c'est là le culte extérieur
de l'Église, c'est l'union avec Dieu dans les
sacrements, et surtout dans le sacrement par
excellence où Jésus-Christ réside tout entier,
pour perpétuer à jamais sa présence parmi
les hommes. « *Il a habité parmi nous!* » Il
n'y a donc pas de vie véritable sans Jésus-
Christ, sans l'union avec Jésus-Christ, et c'est
pour cela même que c'est Jésus, et toujours
Jésus, que les ennemis de Dieu ont attaqué et
attaqueront parce qu'Il est la pierre *angulaire* sur
laquelle repose tout l'édifice et contre laquelle
se sont brisés et se briseront tous ses adversaires.
C'est pour cela encore qu'ils attaquent Jésus
non-seulement en lui-même, mais en son Église
qui est sur la terre sa continuation visible, et
en même temps la preuve incontestable et per-
manente de sa divinité, car l'édifice suppose
nécessairement le fondement, et l'existence de
cette Église proclame infailliblement l'existence
de son Fondateur, le Sauveur Jésus. N'ai-je donc
pas raison de vous dire que vous avez besoin de
fortifier votre foi en approfondissant cette connaissance de Notre-Seigneur? Je vous supplie,
pour l'amour de ce Dieu que vous voulez aimer,
de lire sérieusement cet admirable petit *livre de*

*Jésus-Christ* que je vous ai donné, vous y trouverez tout ce que vous cherchez ; prenez du temps pour cela, c'est une affaire qui en vaut bien la peine, et puis priez humblement Dieu de vous éclairer. Soyez-lui fidèle afin qu'Il puisse vous compter au nombre de ses enfants, et que, dans quinze jours, lorsqu'il renouvellera sur le monde les effets du mystère de l'Incarnation, Il puisse dire de vous : « Il est venu chez lui et les siens l'ont reçu. » Priez beaucoup la sainte Vierge pour qu'elle fasse naître en votre cœur celui qu'elle a donné au monde. Enfin, mon bon monsieur N***, malgré tout ce que je vous dis, n'ayez pas peur de votre *petite directrice*, et revenez la voir bientôt et souvent, sans craindre qu'elle vous *pousse*, car elle sait bien que c'est avec un cœur libre qu'il faut aller à Dieu. J'espère donc que vous viendrez me voir pour commencer l'année. En attendant je prie pour vous plus que je ne puis dire.

Sœur Jeanne-Françoise de Ségur. »


Enfin, le 6 mars 1868, déjà bien gravement malade, elle lui écrit cette dernière lettre, solennelle comme un avertissement d'en haut et pleine d'une force toute divine.

« Je ne puis vous écrire que quelques lignes parties d'un cœur brûlant du salut de votre âme. Pourquoi tentez-vous ainsi Dieu, jouez-vous votre éternité, méprisez-vous ses avertissements? Qu'attendez-vous et de quoi avez-vous peur? Ne savez-vous pas qu'il ne s'agit que d'aimer et d'être aimé de ce bon Dieu? Ne savez-vous pas que cette confession qui semble si terrible, c'est l'enfant qui va se jeter dans les bras de son Père, tout ouverts d'avance pour tout pardonner? Et la communion? avoir peur de recevoir Jésus-Christ qui est votre Sauveur, votre vie, votre salut! Que si vous devez rester encore quelque temps sur la terre, pourquoi fuir ce Dieu que lui *tout seul* vous aurez à aimer pendant l'éternité? Vous voulez aller au ciel, je pense, à moins d'être vous-même votre plus grand ennemi. Eh bien! dans ce ciel, vous ne ferez autre chose qu'aimer Dieu, et vous ne pourrez le faire que si vous avez commencé sur la terre; car après la mort il n'y a plus de changement. — Que si lassant la patience de Dieu, vous êtes surpris par la mort, sans vous être mis dans l'état où Dieu vous veut, aurez-vous une seconde fois à revivre pour refaire votre éternité? Si vous ne sentez pas que vous avez la foi, confessez-vous d'abord, et après je vous promets que vous croirez et que le jour de votre communion sera le plus beau de votre vie. Je prie de toute mon âme pour vous, priez aussi vous-même afin de donner cette consolation à vos vrais amis et surtout à celle qui est vraiment votre sœur en Jésus-Christ.

» Sœur JEANNE-FRANÇOISE DE SÉGUR. »

Celui auquel s'adressait ce brûlant et suprême appel à la pénitence et à l'amour de Dieu, l'entendit enfin, heureusement pour le salut de son âme. A l'avertissement qu'il lui envoyait par la voix de sa fidèle amie, Dieu joignit l'avertissement de la maladie. Le vieil artiste sentant sa santé décliner rapidement, accueillit enfin l'hôte divin qu'il avait si longtemps repoussé: il se confessa, reçut à plusieurs reprises le corps sacré de Jésus-Christ; et bien lui en prit, car la mort vint le surprendre, comme ma sœur le lui avait fait entrevoir. Un matin, on le trouva étendu sans vie sur le plancher de sa chambre. Il avait voulu se lever pour appeler du secours et n'en avait pas eu le temps. Sabine, qui ne lui survécut que peu de mois, apprit sa mort avec peine

mais avec espérance ; elle put se dire que cette
âme avait trouvé grâce devant le Divin Juge et
que c'étaient sans doute ses prières et ses instances qui avaient assuré le salut de son cher
et vieux maître. C'est ainsi qu'elle aimait,
qu'elle poursuivait et qu'elle sauvait les âmes.

CHAPITRE VIII


J'ai dit précédemment que Sabine avait été
tourmentée, surtout dans les premiers temps de
sa vie religieuse, du désir de la pénitence et de la
mortification corporelle, qu'elle pleurait par moments de vivre sans souffrances et sans humiliations, et que ses supérieures avaient dû plus d'une
fois combattre chez elle cette austère tendance-
peu conforme à l'esprit de la Visitation. Parmi
les écrits assez nombreux qu'on trouva après sa
mort, il en est un qui me paraît tout à fait re-
marquable par la connaissance des voies divines
qu'il décèle, et par le pressentiment qu'il renferme des épreuves qui l'attendaient dans les
dernières années de sa vie[1]. C'est l'abrégé de

1. Note de l'auteur. — J'avais d'abord eu la pensée d'insérer
dans le corps de mon récit ces écrits de ma sœur qui sont du
plus haut intérêt. Mais j'ai craint d'entraver et d'allonger outre
mesure cette histoire, et je me suis décidé à les publier, sous
forme d'appendice, à la fin du volume. Le lecteur pieux y trouvera des sujets de méditation qui me semblent vraiment admirables.

quelques conseils que son Directeur lui avait
donnés de vive voix au parloir et qu'elle avait
rédigés de mémoire après son départ, pour les
pouvoir relire et méditer à son aise.

« Ma chère enfant, il y a des âmes que la
souffrance mène à Jésus; mais vous, c'est Jésus
qui vous mènera à la souffrance et à tous les
états par où il a passé. Jésus est non-seulement
votre fin, mais encore votre voie. Il faut que
vous soyez Jésus ; il veut être en vous, continuer
sa vie en vous et par vous. Tout ce que vous avez
à faire, c'est de vous perdre en Jésus, d'être Jésus dans vos paroles, Jésus dans vos actions, Jésus dans la prière. Gardez-vous bien de sortir de
cette voie sous aucun prétexte que ce soit. Vous
n'avez qu'à laisser faire Jésus en vous, à le
suivre quelque part qu'il vous mène, que ce soit
au Thabor ou au Calvaire, que vous soyez consolée ou désolée, n'importe ; laissez vous mener
où Jésus voudra et n'ayez pas d'autre mouvement que celui qui vient de Jésus..... Jésus ne
vivait que pour faire la volonté de son Père ; c'est
cette même vie qu'il veut continuer en vous.
Vous n'avez qu'à le suivre de moment en moment, et qu'il puisse dire par vous en toutes
choses : « Je fais la volonté de mon Père.... »
Laissez faire le temps, mon enfant ; vous ne

serez pas détruite en un jour ; mais peu à peu
Jésus vous transformera en lui.... Vous n'avez
pas d'humiliations parce que Jésus n'est pas
encore assez formé en vous, et ce ne sont pas
les humiliations de Jeanne-Françoise que veut
Jésus, elle est trop petite. Mais quand Jésus sera
plus formé en vous, il vous fera alors passer par
ses humiliations, par ses opprobres, par sa vie
crucifiée. Jésus enfant ne faisait pas les œuvres
que sa sainte humanité opérait à trente ans ;
il en sera de même en vous, mon enfant, et
priez Dieu afin que vous ne soyez pas *effrayée* ni
*scandalisée* des états où Jésus vous fera pas
ser... »

Ces dernières paroles presque prophétiques
devaient se réaliser à la lettre dans son âme et
dans son corps. Dieu sembla vouloir préluder à
ces épreuves salutaires mais terribles par une
première affliction qui précéda de quelques
années sa maladie suprême. Depuis trois ou
quatre ans, sa vue baissait peu à peu, sans que
rien pourtant lui fît craindre de la perdre complétement. Elle s'était habituée aux précautions
qu'exigeait cette faiblesse de ses yeux, et tout
en les ménageant, elle pouvait s'en servir encore pour écrire, lire et remplir bien des offices
dans la communauté. Tout à coup, vers l'au-

tomne de 1864, un de ses yeux se voila, une
ombre épaisse s'abaissa peu à peu sur la prunelle
et finit par lui cacher entièrement la lumière :
au bout de quelques semaines, il était complétement perdu.

Pendant les premiers jours, elle n'en parla
qu'à la supérieure, et garda pour elle le secret
de cette visite de Dieu. Ses compagnes ne s'en
doutaient pas, et l'on peut juger par là de son
empire sur elle-même et de la sérénité qu'elle
sut conserver dans cette épreuve. Enfin, elle
leur dit simplement : « Vous savez, j'ai perdu
un œil, je perdrai bientôt l'autre. Vous souvenez-vous que je pleurais de ne pas souffrir
pour Notre-Seigneur? Je voulais des croix;
celle-là est bonne. Priez bien pour moi, afin
que j'aime mon sacrifice. — C'est tout de
même rude, reprit elle après un moment de
silence; je ne croyais pas que mon Jésus aurait
fait cela! Et puis, la Communauté!... »

La pensée qu'elle allait devenir un membre
inutile, à charge à la famille, lui était plus pénible que toute autre. C'est pour cela surtout
qu'il lui fallait de la résignation. « Je m'essaie
à marcher les yeux fermés, disait-elle quelque
temps après à ses sœurs, pour ne pas vous être
trop à charge quand je serai tout à fait aveugle.

Je m'essaie aussi à m'habiller, à faire le plus de choses possibles sans y voir, afin qu'on ne soit pas obligé de tout faire pour moi....» Puis une larme coulait de ses yeux ; mais elle la refoulait aussitôt. Elle ne voulait ni attendrir, ni s'attendrir sur son infirmité. Jamais un mot de plainte ne sortait de sa bouche. Quelquefois, en voyant ses compagnes surchargées d'occupations, elle commençait à dire : « Que vous êtes heureuses de travailler pour la Communauté, je voudrais tant vous aider ! » Mais sa résignation, l'amour et le besoin de la contemplation reprenant aussitôt le dessus, elle ajoutait d'un ton joyeux : « Oui, mais, si je pouvais travailler comme vous, je ne pourrais plus autant prier, et sans la prière, sans le Saint-Sacrement, je ne pourrais pas vivre! Allons, décidément j'aime encore mieux ma voie que la vôtre ! »

Néanmoins, elle cherchait tous les moyens de se rendre utile et en trouvait beaucoup. Un soir, à la récréation, causant avec ses sœurs, elle leur dit gaiement : « Vous ne savez pas ce que j'ai pensé aujourd'hui ? J'en ai ri toute seule. Celles de vous qui passent pour être capables peuvent à peine remplir un emploi ; et moi, qui ne semble bonne à rien, j'en remplis une douzaine! » Et comme on se récriait, elle les

énuméra ainsi qu'il suit : « 1° Assistante du noviciat ; 2° Aide au pensionnat; 3° Aide à la sacristie ; 4° Assistante des ouvriers ; 5° Assistante
des parloirs ; 6° Assistante intime de l'économe
pour les affaires graves, sa coadjutrice et admonitrice au besoin si elle ne marche pas droit ;
7° Aide de la sœur portière ; 8° Aide à la roberie
pour dévider la laine ; 9° Aide à la lingerie pour
plier les mouchoirs ; 10° Aide au jardin pour arroser les fleurs du T. S. Sacrement; 11° Sonneuse ; etc., etc. »

C'est ainsi qu'elle trouvait moyen de servir
encore la Communauté et d'égayer ses compagnes par son généreux enjouement. Elle aimait
aussi à exercer son zèle auprès des ouvriers qui,
vers cette époque, furent employés à reconstruire les bâtiments du pensionnat. Elle ne perdait pas une occasion de leur dire une parole
pieuse, de leur donner un bon conseil, un bon
livre, une médaille de la sainte Vierge et de les
ramener doucement à l'amour du Sauveur. C'est
ce qu'elle entendait par ces mots : « assistante des
ouvriers. »

Fidèle à la sainte pauvreté dont elle avait fait
le vœu, elle voulut rendre le papier à lettres,
l'encrier et les plumes dont sa vue ne lui permettait plus de faire usage : « Tout cela m'est

inutile maintenant, dit-elle, et il est contraire
à la pauvreté que je le garde. » Quand elle avait
besoin d'une feuille de papier ou d'une plume
pour écrire ou dicter une lettre, elle la demandait à l'une de ses sœurs avec laquelle elle était
particulièrement liée, ou la prenait dans son
pupitre. Dès qu'elle revoyait sa compagne, elle
lui disait : « Je vous ai pris tel ou tel objet, car
ce qui est à vous est à moi. Entre toutes nos
sœurs c'est la communauté, mais entre nous
deux c'est le communisme. » Quelquefois cependant elle se sentait inquiète d'avoir volé. Elle
courait alors confier son scrupule à son amie et
la priait de ne pas en rire.

Son détachement et sa simplicité augmen-
taient de jour en jour. Depuis que Dieu lui avait
envoyé cette infirmité qui lui en présageait de
plus grandes, elle ne recherchait plus les austérités, et s'abandonnait comme un petit enfant
aux mains paternelles de Dieu. Elle gardait plus
volontiers le silence et se laissait moins aller à
parler des mystères de grâce que Dieu accomplissait en elle. Elle exprimait plus rarement son
opinion ; souvent on la voyait s'arrêter tout
court au milieu d'une phrase et mettre son doigt
sur sa bouche. Lui donnait-on quelque louange,
elle ne se perdait pas en de grandes phrases

d’humilité, mais répondait simplement : « Il faut en remercier Dieu » et parlait d’autre chose. Quand les sœurs examinaient quelque objet extraordinaire ou précieux, elle ne s’approchait pas pour le regarder. Si on lui disait : « Vous pouvez voir aussi, avancez, » elle répondait doucement : « C’est inutile. J’ai fait le sacrifice de ne plus voir. Ce n’est pas la peine d’user le peu de vue qui me reste. »

Elle avait fait le même sacrifice en ce qui concernait la lecture. Dans les premières années de sa vie religieuse, elle lisait beaucoup. Les écrits de saint François de Sales et de sainte Jeanne de Chantal, les psaumes, les épîtres de saint Paul, et surtout l’Évangile, faisaient ses délices. Elle goûtait fort aussi la Vie des Saints, principalement des confesseurs de la foi, des vierges romaines et des martyrs. Mais en lui ôtant la possibilité de lire, Dieu lui en ôta le besoin, ou plutôt, il lui donna la force d’en sacrifier le goût et l’habitude. Quand on lui offrait de lui faire la lecture, elle remerciait gracieusement : « Je n’en ai pas besoin, disait-elle ; j’ai assez de ce que mon frère me lit, cela suffit à nourrir mon âme. »

Son frère venait en effet chaque semaine au parloir lui lire, pour la consoler et la consulter

en même temps, les traités qu'il écrivait sur la
vie intérieure. Comme il était lui-même aveugle,
c'était son secrétaire qui faisait ces lectures.
Sabine en était fort touchée, donnait souvent
d'excellents conseils puisés au pied du tabernacle ; elle en parlait avec ravissement à ses
compagnes et méditait longuement sur ce qu'elle
avait entendu. Une de ses sœurs lui faisant un
jour admirer la bonté du Seigneur qui l'avait
douée d'une si heureuse mémoire, elle répondit
avec un grand sentiment de reconnaissance :
« C'est vrai, il est incroyable à quel point je me
rappelle ce que j'ai lu, même avant mon entrée
au couvent. Il me revient sans cesse à l'esprit
des passages admirables des saints Pères qui me
nourrissent et me fortifient. C'est une grâce, je
le reconnais bien. » Et levant les yeux au ciel
selon son angélique coutume, elle bénissait Dieu
et parlait ardemment de son amour.

Le maniement des choses extérieures lui était
devenu plus difficile depuis la perte de son œil
et l'affaiblissement de l'autre. Elle se heurtait,
faisait des faux pas, commettait assez souvent
des maladresses, ou n'allait pas aussi vite qu'il
eût été nécessaire. Elle riait la première de ces
accidents et offrait à Dieu de tout son cœur les
petites humiliations qui en résultaient pour elle.

Quand elle s'apercevait qu'on ne l'employait plus à tel ou tel office, et qu'on prenait à sa place une novice ou une postulante, elle disait : « C'est bon cela ! ne disons rien, laissons cela, c'est bien bon ! » et elle acceptait avec une résignation touchante d'être devenue une servante inutile.

Aussitôt après qu'elle eut perdu l'œil, ses supérieures prièrent le docteur Liebreich, le célèbre et habile oculiste, de venir examiner sa vue et lui donner ses soins. Il la vint voir en effet, et la soigna jusqu'à la fin avec un dévouement admirable et une charité toute chrétienne. Il ne voulut jamais rien recevoir de la communauté, heureux de servir gratuitement les servantes et les pauvres de Jésus-Christ. Les sœurs, profondément touchées de sa bonté, lui témoignèrent leur reconnaissance à leur façon, en priant pour lui le Dieu de miséricorde qui a promis qu'un verre d'eau donné en son nom ne resterait pas sans récompense.

Le docteur Liebreich ne dissimula pas que la perte du second œil était probable et pourrait arriver d'un moment à l'autre, et quoiqu'il essayât de donner à Sabine quelque espoir, elle n'y crut pas un instant et fit dès lors son entier sacrifice. Sa vue en effet continua à baisser gra-

duellement, et il n'est guère douteux que si
elle eût vécu quelques années de plus, elle fût
devenue complétement aveugle. Pour éloigner
autant que possible ce funeste dénoûment, le
docteur lui ordonna un traitement qui consistait
principalement à rester enfermée deux jours par
semaine dans une chambre noire. Elle s'y rési-
gna de grand cœur et suivit fidèlement cette con-
signe jusqu'aux premières atteintes du mal qui
la conduisit au tombeau.

C'était une dure épreuve que ces journées
entières passées dans l'obscurité, et le plus
souvent dans la solitude ; car toutes les religieuses, accablées d'occupations, ne pouvaient
venir qu'en passant et pour quelques moments
lui tenir compagnie. Une d'elles, sa compagne
du noviciat et sa voisine de cellule, allait le plus
souvent possible lui dire une parole d'affection
et lui demander si elle n'avait besoin de rien.
Sabine lui dit un jour : « Oh ! le temps ne me
dure pas ; je prie. Mon bon Jésus est tellement
avec moi ! Voyez-vous, jusque vers trois heures,
je brûle, j'ai des ardeurs, je suis au moins
comme sainte Thérèse. Vers quatre heures, mes
ardeurs tombent, et à la fin du jour, il me faut
lutter. Je sens de la peine au sacrifice ; je sens
que je suis encore naturelle... »

Ses sœurs avaient appelé ces jours de chambre
noire, ses jours séraphiques, à cause de l'impression particulière et toute céleste qu'on
ressentait quand on l'approchait alors. La veille
de la Toussaint de l'année 1865 se trouvait un
de ces jours. Une religieuse étant venue la voir,
Sabine lui demanda : « Êtes-vous plongée dans
tous les saints ? — Non, répliqua la sœur,
mais bien dans tous les soucis. » Et elle lui
raconta que par suite d'un oubli de sa part, un
grave intérêt de la communauté était com-
promis. « Priez pour moi, ajouta-t-elle ; je suis
si fort en peine ! — Eh bien, répondit Sabine,
faites avec moi quelques invocations aux saints,
et vous verrez ! » Elles se mirent aussitôt en
prière, puis la cloche de la chapelle appela la
sœur à l'office des vêpres. Une demi-heure
après, l'oubli était réparé, toute crainte dissipée,
et l'heureuse religieuse ne douta pas un instant
que cette solution inespérée ne fût due aux
prières de la sainte infirme.

Deux années environ s'écoulèrent ainsi, sans
amener d'autre changement dans son existence
qu'un affaiblissement graduel de sa vue et un
continuel accroissement de sa sainteté. Elle se
détachait de la vie plus que la vie ne se détachait
d'elle. A mesure qu'elle voyait moins les choses

de la terre, elle semblait voir et goûter mieux les choses du ciel.

Au mois de juin 1867, un événement tout à fait extraordinaire pour la Visitation, quoique bien simple en lui-même, lui apporta une grande joie et laissa à tous ceux des siens qui y participèrent un doux et impérissable souvenir. La reconstruction des bâtiments du pensionnat étant achevée, on les bénit solennellement, les portes du cloître s'ouvrirent pour recevoir le clergé, et quelques personnes furent admises à titre de bienfaitrices, à pénétrer à sa suite dans l'intérieur du monastère, avec la permission de l'autorité ecclésiastique. Sabine vit donc sa mère, ses trois frères et ses belles-sœurs, avec leurs enfants, franchir le seuil de son couvent ; elle les posséda pendant quelques heures sous son toit, elle eut la joie pure et profonde de les serrer tour à tour dans ses bras. Elle se livra à sa tendresse et au bonheur de cette réunion avec un entier abandon, sans plus de réserve ni de scrupule qu'au temps où elle vivait avec eux dans la maison paternelle. Tous l'embrassèrent avec une émotion pleine de charmes, comme après une longue séparation. Il y avait neuf ans qu'ils ne l'avaient pressée sur leur cœur ! Le seul nuage qui obscurcit l'allégresse de cette heure bénie fut l'absence de ses sœurs dont aucune n'était alors à Paris.

Après la cérémonie religieuse qui fut accomplie par M. Étienne, supérieur des Lazaristes, en attendant le déjeuner que les religieuses préparaient à leurs hôtes, ceux-ci parcoururent le cloître, ils visitèrent la chapelle, le jardin, le pensionnat, le réfectoire, la cuisine, les cellules mêmes des sœurs, et ils purent se rendre compte de ce qu'est un monastère de la Visitation. On peut le résumer en trois mots : simplicité, propreté, pauvreté. Je ne parle pas du pensionnat, dont les bâtiments sont vastes, parfaitement clairs et aérés, et qui comprend des dortoirs, des classes, des salles d'étude, admirablement disposés pour le bien-être des élèves. Je ne parle que du cloître proprement dit, habité par les religieuses : là tout est simple, aussi propre que pauvre. Pas d'apparence, je ne dis pas de luxe, mais de ce qu'on appelle le *confortable*. Des chaises de paille, des bancs et des tables de bois, des rideaux blancs, c'est tout le mobilier. Les cellules sont pareilles, comme celles d'une ruche ; ruche céleste, en effet, où ces abeilles du Paradis distillent incessamment le miel de la prière et des vertus angéliques.

Le vœu de pauvreté fait et pratiqué par les

religieuses est si rigoureux qu'elles n'ont absolument rien en propre, pas même leurs vêtements ni leurs chaussures ; tout est commun entre elles, en ce sens, non pas que chacune possède tout ce que renferme la communauté, mais qu'aucune d'elles ne possède rien. Et cependant tout en elles comme autour d'elles, respire la paix, le contentement, la sérénité.

L'accueil qu'elles firent à leurs hôtes fut aimable, simple et charmant. Vraiment l'esprit de saint François de Sales habite en ses filles. Comme elles ne formaient entre elles qu'un cœur, elles semblaient n'en faire qu'un avec nous. On aurait pu croire que la présence si extraordinaire sous leur toit de visages étrangers, les aurait troublées ou du moins étonnées. Il n'en fut rien. Leur attitude témoignait une affection franche et naïve, sans empressement comme sans pruderie, une joie vive et sereine de donner l'hospitalité pour quelques heures à des personnes amies. On se trouvait à l'aise au milieu d'elles, comme au sein de sa famille. Rien n'est plus aimable que de voir de près l'intimité des sœurs entre elles, ce respect pour la supérieure joint à la plus cordiale fraternité, cette douceur dans le commandement, cette joie dans l'obéissance, cette égalité dans la hiérarchie. Il

n'y a pas de mère plus obéie et plus aimée que
la supérieure, il n'est pas dans le monde de
famille plus libre sous une plus entière autorité.
Les sœurs les plus jeunes semblent avoir la ma-
turité de la vieillesse, et les plus âgées gardent
la joyeuse simplicité de la jeunesse. La vieille
sœur cuisinière, âgée alors de plus de quatre-
vingts ans, avait toute la vivacité, tout l'entrain
d'une jeune fille de vingt ans, et c'était une
chose aussi touchante que singulière de l'entendre dire : ma mère, à la bonne supérieure qui
aurait pu être sa fille. Je ne prétends pas que
tous les couvents ressemblent à celui que je dé-
cris; je ne le sais pas et je ne parle que de ce
que j'ai vu. Mais j'affirme que je n'exagère rien,
que ce que je raconte est l'exacte vérité, et que
cette communauté de la Visitation Sainte-Marie,
telle qu'elle m'est apparue, m'a fait l'impression
et m'a laissé le souvenir d'une société d'anges.

Le repas, servi par les religieuses, respira la
plus franche gaieté. Ma sœur était bien heureuse.
Elle allait de sa mère à ses frères, de ses belles-
sœurs à ses neveux et à ses nièces, les embrassant,
les caressant, mettant son âme dans chacun de
ses mots et de ses mouvements. Hélas ! c'était sa
dernière réunion de famille, et il semble que
Dieu ait voulu lui donner cette consolation su-

prême avant de lui envoyer les épreuves du corps et de l'âme qui devaient marquer la fin de son séjour en ce monde.

Avant de quitter cette maison bénie, véritable maison du Bon Dieu, nous allâmes avec Sabine nous prosterner devant le Saint-Sacrement et prier avec elle et pour elle devant ce tabernacle, témoin, depuis plusieurs années, de ses entretiens célestes avec son Jésus. Puis, il fallut se dire adieu. Elle nous accompagna jusqu'au seuil du cloître, ses sœurs nous serrèrent affectueusement la main, elle-même nous pressa une fois encore sur son cœur, et soit mouvement de la nature, épanchement d'une émotion que son âme ne pouvait contenir, soit pressentiment de sa fin déjà prochaine, elle fondit en larmes. La porte s'ouvrit, se referma sur elle et sur ses saintes compagnes, et nous nous éloignâmes, emportant de cette journée du Paradis des émotions où la tristesse des adieux laissait subsister une douceur profonde et des souvenirs qui ne finiront jamais.

A cette époque, elle toussait déjà depuis quelque temps; mais personne, à commencer par elle, n'en prenait souci. Elle était habituée à traiter son corps rudement, comme un serviteur paresseux et indocile, et il fallait que la souffrance parlât bien haut pour qu'elle consentît à l'entendre. « Nous ne devons pas, disait-elle à une de ses sœurs souffrante comme elle, nous dispenser trop facilement de ce qui est marqué par la règle. Il faut y aller simplement sans doute, mais aussi fidèlement, et se forcer autant que possible. Quand on souffre habituellement, si on s'écoutait, on ne ferait jamais rien. » Elle ne s'écouta donc pas, ne parlant à personne ni de sa toux persistante, ni des sueurs et de la fièvre qu'elle commençait à avoir souvent pendant la nuit ; elle se contentait de penser et de dire que sa fatigue augmentait et que l'été l'éprouvait plus que de coutume.

Il paraît cependant que dès le mois d'octobre elle eut quelque pressentiment de la gravité de son mal ; car au moment de commencer la retraite annuelle que les religieuses de la Visitation font toujours vers cette époque, elle dit à une de ses sœurs : « C'est la dernière retraite que je fais ici ; l'année prochaine, je n'y serai plus. » Sa compagne n'attacha aucune importance à cette parole, mais elle s'en souvint un peu plus tard, quand le mal, longtemps caché comme un feu qui couve sous la cendre, éclata tout à coup avec une violence qui bientôt ne laissa plus d'espoir.

Quand sa mère revint à Paris, vers la fin de
l'année 1867, elle fut frappée du changement de
Sabine, l'interrogea avec cette sagacité et cette
autorité que donne l'amour maternel , lui fit
avouer les souffrances qu'elle se dissimulait à
elle-même. et obtint d'elle qu'elle se fît aus-
culter. Il paraît qu'en ce moment, l'état des poumons n'était pas encore inquiétant, et l'excellent médecin, qui donnait ses soins gratuits à la
Communauté, ne vit dans sa situation rien  qui
pût vraiment inquiéter. Cependant, la faiblesse
de ma sœur augmentait chaque jour, les symp-
tômes d'une maladie de poitrine se dessinaient
de plus en plus nettement. Une nouvelle aus-
cultation, demandée par la supérieure, présenta
des signes alarmants. Il fallut imposer à la  malade une consultation.

C'était au mois de février 1868 : le résultat
en fut désolant. Les médecins déclarèrent que
l'état de la poitrine était des plus graves, qu'un
des poumons était profondément atteint, et que,
sans être désespérée, la situation devait donner
les plus sérieuses inquiétudes. Ce fut un  coup
de foudre pour sa double famille ; les larmes
coulèrent sous le toit paternel qu'elle avait quitté
depuis dix ans, et dans le cloître qu'elle ne
devait quitter que pour le ciel. On les lui cacha,

pour ne pas l'éclairer sur la gravité de sa maladie ; mais déjà, elle ne se faisait guère d'illusions, et peut-être en conserva-t-elle moins que
nous, qui souhaitions sa guérison bien plus ar-.
demment qu'elle ne la souhaitait elle-même.
Nous nous disions qu'elle était jeune encore,
d'une bonne constitution, que ce mal de poitrine était tout à fait accidentel et résultait d'un
rhume trop longtemps négligé ; dès qu'elle se
sentait un peu mieux, dès qu'un remède semblait lui faire quelque bien, nous nous repre-
nions à espérer et déjà nous préparions la fête
de son prochain rétablissement. Hélas ! nous ne
pouvions savoir ce qu'elle ignorait elle-même,
et ce qu'elle allait apprendre par une douloureuse expérience : c'est que la maladie avec ses
angoisses physiques et son acheminement lent
mais continu vers la mort était la moindre des
épreuves par où Dieu la voulait faire passer avant
de la recevoir dans la joie de sa bienheureuse
immortalité !

# CHAPITRE IX

Tant que ma sœur n'eut à lutter que contre les souffrances du corps, elle soutint le combat avec une énergie et une persévérance pleines d'allégresse. Elle continua à suivre la règle dans tout ce qu'elle en pouvait pratiquer, à se lever dès le point du jour, après des nuits de fièvre et d'insomnie, pour assister à la messe, à se priver pendant ces nuits cruelles d'une goutte d'eau que sollicitaient ses lèvres brûlantes, afin de pouvoir communier le matin. Ses sœurs, témoins de ses insomnies et de ses souffrances, ne pouvaient comprendre qu'elle eût la force et l'héroïsme de ne pas boire. On peut dire qu'elle disputa sa vie à la maladie et à la mort jour par jour, heure par heure, non pas en soignant son corps et en multipliant les remèdes, mais en continuant à agir tant que l'action ne lui fut pas impossible. Même, quand l'angoisse de l'âme vint se joindre à celle du corps, quand le ciel parut se voiler à ses regards, quand son

Jésus lui enleva l'une après l'autre toutes les douceurs de son amour, toutes les marques sensibles de sa présence et de sa sainte familiarité, elle persévéra énergiquement dans ses pieuses pratiques, elle ne diminua rien de ses prières ni de ses communions. Comme une digne épouse, elle demeura fidèle à son époux dans les tristesses de l'abandon apparent où il la laissait pour l'éprouver, aussi bien qu'aux jours heureux des joies célestes et des ivresses spirituelles.

Elle n'avait jamais craint la mort ; tout en se plaisant sur la terre où la communion lui donnait déjà le ciel, elle savait que sa demeure n'était pas ici-bas, et, comme toutes les saintes âmes, elle tendait au port de l'éternelle béatitude dans l'éternel amour. Au temps où elle était chargée de l'instruction religieuse des enfants du pensionnat, elle insistait souvent dans ses leçons sur les grandes pensées de la brièveté de la vie, de la vanité des choses qui passent, de la réalité des saintes espérances, et l'on sentait que sa bouche parlait comme toujours de l'abondance du cœur. Le regret de la vie, la crainte de la mort furent donc pour elle de véritables épreuves en contradiction avec les pensées et les habitudes de son âme, et que

Dieu lui envoya sans doute pour accroître le mérite de son sacrifice et la beauté de sa couronne au paradis. Cette âme si avide, si amoureuse de la souffrance, se sentit tout à coup rejetée, par un violent instinct, dans l'horreur de la souffrance, dans l'attachement à la terre, dans le désir ardent du soulagement et de la guérison. Sa volonté luttait contre cet instinct; et si elle parut quelquefois fléchir, elle finissait toujours par se relever et par vaincre. Mais cette lutte, pleine de trouble et d'angoisse, triplait pour elle les douleurs de la maladie. Avant d'arriver à la gloire de la résurrection, les privilégiés du Seigneur doivent passer, comme il l'a fait lui-même, par le jardin de Gethsémani et par le Calvaire.

Au début de ses épreuves, son premier sentiment fut celui d'un douloureux étonnement. Elle était tellement habituée aux douceurs du divin amour, qu'elle ne put croire d'abord à la réalité ou du moins à la prolongation d'un état contraire. « Ma fille, lui avait dit six ans auparavant son saint Directeur, alors qu'elle demandait des souffrances et des humiliations, ma fille, priez Dieu que vous ne soyez pas effrayée ni scandalisée des états où Jésus vous fera passer! » Elle put alors savourer l'amère vérité de ces paroles! Elle fut en effet tentée de se scandaliser de la voie nouvelle où la conduisait son Bien-Aimé. Comme un voyageur qui a perdu son chemin, elle jetait autour d'elle des regards désolés; elle s'écriait avec le Sauveur sur la croix : « Mon Dieu, mon Dieu, pourquoi m'avez-vous abandonné! » Puis, la confiance, l'amour reprenaient le dessus, et c'était à Dieu lui-même qu'elle allait demander des secours contre l'apparent abandon de Dieu.

Toujours simple, transparente et d'une absolue sincérité, elle laissait voir au dehors ces mouvement et ces luttes qui se passaient dans le fond de son âme. Elle exprimait naïvement à ceux d'entre nous qui la venaient visiter au parloir, son horreur instinctive et toute nouvelle de la souffrance et de la mort : « J'ai terriblement peur de mourir, nous dit-elle plus d'une fois. Sainte Thérèse demandait de souffrir ou de mourir; eh bien, moi je demande de ne pas tant souffrir et de guérir! » « Je ne comprends plus rien à ce que mon bon Jésus fait en moi et pour moi, disait-elle aussi à ses compagnes : en tout et partout il me mortifie, il m'ôte la lumière corporelle, la lumière spirituelle, il est insatiable! On dirait qu'il a hâte de me faire mériter le paradis. Je ne suis cependant pas pressée de vous quitter : je me trouve bien ici-bas où je communie. Il est vrai que la vie m'est plus amère depuis que mon Jésus se fait un jeu de me tourmenter ; mais cela ne peut pas, cela ne doit pas durer. Il n'a jamais agi de la sorte avec moi, il ne faut pas qu'il change sa manière d'être. Car enfin, il sait bien que je me suis toujours fiée à son amour ; il ne peut tromper mon attente sans manquer à ses promesses. »

C'est dans ces termes naïfs et touchants qu'elle exhalait sa peine et qu'elle adressait à son Bien-Aimé ses plaintes et ses prières.

D'autres fois, elle entrait au chœur, se prosternait devant le Saint-Sacrement et se mettait en oraison. Mais sa faiblesse l'empêchant de prier, ou plutôt Dieu ne répondant pas comme naguère à ses ardeurs, elle se relevait et disait : « Mon Dieu, vous m'empêchez de vous prier, vous êtes cruel pour moi, vous vous dérobez à mon amour, eh bien, tant pis, je m'en vais ! » Elle s'éloignait en effet, puis, ramenée par un invincible attrait, elle revenait, bon gré mal gré se replonger dans l'élément divin.

Un jour, en sortant de la chapelle, elle écrivit de sa main à la supérieure le billet suivant qui a été conservé et qui prouve que le bon Sauveur ne tenait pas toujours rigueur à sa fidèle servante :

« Ma Mère chérie, voyez combien Jésus est bon ! J'avais un peu de peine tout à l'heure en sentant que je ne serais pas en état de contribuer en rien à la fête, pas même de parler pour amuser un peu nos sœurs. Jésus m'a attirée au chœur devant le Saint-Sacrement, et là, il m'a appris qu'il me retirait de tout, pour que tout mon temps et tout mon être ne fussent que pour lui seul, et parce qu'il voulait me dire ses secrets. Je ne sais plus ce qu'il m'a dit ensuite, mais j'ai compris et je pleurais malgré moi. Et puis j'ai eu besoin de vous le dire. Ma bonne mère, je vous aime encore plus quand Jésus est ainsi avec moi ! »

Une des religieuses lui demandant un jour comment elle se trouvait, elle répondit en montrant sa poitrine : « Mon bon Jésus a mis là sa main et il ne veut pas la retirer. Cela me fait peur, je n'aime pas la souffrance. Cependant, si mon Jésus a ce goût pour moi, il faudra bien que j'y passe ! Priez pour moi. » C'est ainsi que toujours, après des luttes quelquefois terribles, peut-être même après des défaillances (car qui oserait affirmer qu'elle ne faillit jamais ?) elle finissait par la résignation, la douceur et l'amoureux abandon de son être à la volonté du Seigneur.

Sa confiance en Dieu survivait d'ailleurs à

toutes les épreuves : elle en laissait échapper sans
cesse de naïfs témoignages. Quand elle commença
la série des longues et cruelles insomnies qui faisaient de ses nuits de véritables supplices, elle
eut recours à son moyen habituel, à la prière.
Un matin, elle dit joyeusement à la sœur qui la
soignait : « Savez-vous ce que j'ai fait cette nuit ?
Il était une heure, je n'avais pas encore dormi.
J'ai dit à Notre-Seigneur : « Mon bon Jésus, j'en
ai assez, je suis fatiguée. J'ai veillé jusqu'à présent avec vous et pour vous. Maintenant, il faut
me laisser dormir. » Cela m'a réussi. Je me suis
endormie tranquillement jusqu'à quatre heures.
Désormais, je ferai toujours ainsi. » Et elle ajouta
avec son inimitable naïveté : « Il fait tout de
même tout ce que je veux, le bon Dieu ! »

Ses mérites d'ailleurs ne faisaient que grandir
au milieu de son délaissement. Son zèle pour la
conversion des pécheurs, sa préoccupation des
pauvres, sa tendre charité pour ses compagnes,
remplissaient toujours son âme et sa vie, et tandis que les ténèbres qui lui voilaient le ciel la
faisaient douter par moments de son salut et de
son amour, ses sœurs admiraient en elle, malgré ses défaillances momentanées, un accroissement de vertu et de grâce, résultant de ses
épreuves mêmes. Quand elle pouvait se traîner

aux assemblées de la communauté, on la regar
dait, on l'écoutait avec un tendre respect. Elle
ne pouvait parler sans fatigue, mais elle disait aux autres : « Parlez-moi du bon Dieu,
parlez-moi des saints : cela nourrira et instruira
tout le monde. » Si on lui demandait de prononcer à son tour quelque parole d'édification, elle
répondait le plus souvent : « Je n'ai rien à dire,
je ne sais rien. » On voyait qu'elle s'effaçait et
s'humiliait de plus en plus.

Un jour, cependant, dans une affaire importante qui préoccupait la communauté, il lui arriva de donner son avis un peu vivement. Avant
la fin de l'assemblée, elle s'accusa tout haut de
cette vivacité, demanda pardon à ses sœurs du
scandale qu'elle croyait leur avoir donné, et les
supplia de vouloir bien prier pour elle qui était
si misérable et si pleine de vanité. Rien ne peut
rendre, disaient plus tard les religieuses, la simplicité touchante et profonde avec laquelle elle
fit cet acte d'humilité, ni l'impression de sainteté qu'il laissa dans tous les cœurs.

Dès le mois de mars, elle ne conserva plus guère
d'espoir de guérison et s'entretint souvent avec
ses sœurs de sa fin prochaine. Vis-à-vis de sa famille, elle feignait d'espérer, mais c'était seulement pour la rassurer. Nous faisions de même

devant elle, et par un même sentiment nous nous cachions mutuellement nos inquiétudes et nos tristesses croissantes. Déjà, plusieurs mois auparavant, quand le cher et pieux directeur de son âme était venu lui dire adieu en partant pour Rome, où il devait passer l'hiver, elle lui avait dit : « Ah! mon père, je vous en prie, donnez-moi tout le temps que vous pourrez, car c'est fini, vous ne me reverrez plus! »

Vers le commencement du printemps, elle dit à sa voisine de cellule d'un ton sérieux, presque solennel, qui contrastait avec son enjouement habituel : « Ma chère amie, notre mère et vous, vous voulez me faire faire de nouveaux vêtements; je vous déclare que vous avez tort, je n'aurai pas le temps de m'en servir. A la Toussaint, je ne serai plus avec vous, je serai avec mon bon Dieu! — Voyez-vous, disait-elle encore, on m'assure que l'on vit avec un poumon, mais je m'en irai bientôt, j'en suis sûre, c'est ma dernière saison à passer avec vous. » Puis, reprenant son accent de gaieté : « Le bon Dieu va me prendre, parce qu'il me trouve assez bonne ; mais vous, c'est autre chose, il ne veut pas encore de vous ! »

« Je veux bien mourir, répondit elle un jour à une sœur qui enviait son bonheur d'aller au

Paradis, mais j'aimerais mieux vivre pour apprendre à aimer le bon Dieu davantage... »

Un autre jour, comme elle souffrait beaucoup, elle vint trouver cette même sœur et lui dit : « C'est fini, le bon Dieu me l'a révélé, je vais mourir ! » Et voyant la tristesse se peindre sur le visage de sa compagne, elle reprit : « Vraiment, vous aurez de la peine si je meurs ? pauvre fille ! Eh bien ! je ne vous en parlerai plus. »

La veille de l'Assomption, tout en aidant de son mieux une des religieuses à préparer des fleurs et des ornements pour la fête du lendemain, elle disait : « A chacune des fêtes que nous célébrons, je me dis : je ne la reverrai plus sur la terre. Je n'irai pas loin maintenant, le bon Dieu me prend pièce par pièce. Il m'a pris mon œil droit, mon poumon, ma jambe, il me prendra bientôt tout à fait. Vous n'aurez pas peur de moi quand je serai morte, n'est-ce pas ? » Et elle ajouta, sur un ton de douce plaisanterie « Je serai très-belle, j'aurai l'air d'une sainte. »

Comme une sœur lui recommandait sa famille, qui avait grand besoin du secours d'en haut, elle répondit simplement : « Vous avez bien raison de me demander de prier Dieu, car depuis que je suis si malade, le bon Dieu m'accorde tout ce que je lui demande. »

Une de ses compagnes du noviciat ayant trouvé un remède qui avait apporté quelque soulagement à ses souffrances, elle la fit appeler pour la remercier, et lui dit : « Ma chère amie, priez pour moi; j'en ai tant besoin! Toujours étouffer et penser que je mourrai peut-être comme cela, quelle mort! Vous savez, je ne désirais pas mourir et surtout de cette façon-là, mais il faut s'y faire. » Puis souriant et reprenant un ton de douce joie : « Vraiment, ce n'est pas une mort digne de moi! J'ai toujours cru mourir comme M. de Bernières, dans une extase d'amour, sur mon prie-Dieu, ou comme ces grands saints dont l'excès d'amour rompait les liens qui les retenaient encore sur la terre. Au lieu de cela, je mourrai comme les plus simples mortels! Enfin, il faut se laisser faire par le bon Dieu, mais il y a de vilains moments! Si vous saviez comme Dieu me réduit! Vous ne devez plus me reconnaître, je ne me reconnais plus moi-même, j'en suis venue au point de m'ennuyer devant le Saint-Sacrement! »

Elle rappela alors à sa compagne plusieurs souvenirs du noviciat et de leurs premières années de religion et elle ajouta : « Je l'ai bien dit à notre sœur Marie de Sales, ces pauvres filles, elles auront du chagrin quand je n'y serai plus, elles m'aimaient tant ! N'est-ce que parce que je ne me suis pas trompée ? Ah ! ma pauvre amie, comme il vous en coûtera de vous occuper de me faire enterrer ! Je n'aurais pas voulu vous faire cette peine-là, mais décidément le bon Dieu semble le vouloir ! » Et en achevant ces mots, elle l'embrassait affectueusement.

Son état s'aggravait de jour en jour ; les tubercules des poumons avaient gagné les entrailles et ses jambes commençaient à enfler ; ses quintes de toux étaient affreuses, même à entendre ; elles lui déchiraient la poitrine, et les médecins s'étonnaient de ces cruelles souffrances, tout à fait inusitées dans ce genre de maladie. Quelques-uns des siens eurent la pensée qu'un changement d'air, une saison d'Eaux-Bonnes, aideraient peut-être à la rétablir. Les médecins consultés répondirent que cela pourrait peut-être la soulager, mais la guérir, non. D'ailleurs ce projet rencontra deux obstacles insurmontables, la règle de la Communauté et la volonté inflexible de Sabine elle-même. Ayant su quelque chose de cette idée, sur laquelle sa sœur jumelle avait particulièrement insisté, elle en fut vivement affligée. Attachée par le fond des entrailles à sa maison religieuse, elle craignait toujours qu'on ne la crût pas heureuse, et surtout depuis qu'elle était malade, elle tremblait qu'on ne se figurât qu'elle regrettait de s'être faite religieuse. Pour couper court à des pensées irréalisables et qui la blessaient dans son sentiment le plus intime, elle écrivit à sa sœur la lettre suivante, où la vivacité de sa foi se montre tout entière :

Samedi-saint, 1868.

« Ma bonne Henriette,

» Depuis ton départ, j'ai su de divers cô.és que tu *couvais* le projet, si je n'allais pas mieux, de me faire changer d'air. Je suis fâchée que tu ne m'en aies pas parlé ici, car je t'aurais dit tout de suite ce que je t'écris aujourd'hui. Ta pensée me prouve que tu ignores plusieurs choses sur lesquelles je vais t'éclairer. Évidemment tu ne sais pas que nos vœux et nos règles nous obligent à une clôture irrévocable, qu'il ne nous est permis de rompre sous aucun prétexte. Le seul cas où il nous soit permis de changer de monastère, c'est pour rendre service, comme de prêter une supérieure ou une sœur dont on aurait besoin dans une autre communauté, ou bien pour faire une fondation, mais jamais pour des raisons personnelles. Un cas de santé s'étant présenté du temps de nos saints fondateurs, tous deux ont défendu toute sortie, sous quelque prétexte que ce fût.

» Tu comprends, d'après cela, ma chère Henriette, que je me ferais hacher en morceaux plutôt que de passer le seuil de la porte, dussé-je retrouver la santé de l'autre côté. Renonce donc à cette pensée, car les démarches que tu pourrais faire n'auraient d'autre résultat que de charger ta conscience d'une grande faute, d'amener un grand scandale et de me porter à moi-même un coup mortel, par la pensée que dans le monde on peut croire que j'ai eu même l'ombre d'un pareil désir, et que s'il n'a pu s'effectuer, c'est parce qu'ici on me retient prisonnière. Comprends bien, une fois pour toutes, que, pour moi, franchir la clôture, c'est renier mes vœux et rompre avec Notre-Seigneur Jésus-Christ. Or, si, il y a dix ans, sans connaître encore la grandeur de la vocation religieuse, j'ai cependant franchi tous les obstacles pour entrer ici, ce n'est pas après dix ans d'intimité avec Notre-Seigneur et après avoir goûté le don de Dieu, que j'irais l'abandonner. C'est ici la maison de mon repos, c'est là que je dois vivre et mourir entre les bras du Seigneur..... Adieu, mon Henriette, je vous embrasse tous et prie pour vous, plus encore en ne

disant rien qu'en priant..... Ne te tourmente
pas de moi ; je ne m'ennuie pas et je passe de
bons moments à la tribune de la chapelle.

» Ta chère sœur,

» JEANNE-FRANÇOISE. »

Ce n'est pas ici le lieu d'expliquer et de défendre cette règle, conséquence nécessaire de la
clôture, à laquelle Sabine s'attachait avec tant
d'énergie. Je ferai seulement remarquer à ceux
qui seraient tentés de trouver cette rigueur excessive, que les religieuses de la Visitation font,
comme toutes les religieuses, le vœu de pauvreté. Or, les changements de lieux et de rési-
dence, les voyages aux Eaux, les séjours dans le
Midi, sont des remèdes de riches ; c'est un luxe
que les pauvres ne connaissent pas. Ils se soi-
gnent tant bien que mal, et guérissent ou meu-
rent là où les a placés la Providence. J'ajoute
que lorsqu'on quitte le monde et qu'on entre au
couvent, c'est pour se mortifier, se sacrifier et se
préparer à mourir !

D'ailleurs, les supérieures de Sabine et ses
compagnes firent tout au monde pour suppléer
à ce remède extrême qui, d'après les médecins,
n'aurait pu la sauver. Elles l'entourèrent, depuis

le début de sa maladie jusqu'à la fin, de soins de
toute espèce ; malgré la pauvreté de la maison,
on lui servait les mets les plus fins et les plus
variés pour tâcher de vaincre son dégoût de
toute nourriture. D'abord, cette recherche de
table lui coûta beaucoup ; elle en était affligée
et humiliée ; puis, le mal croissant, elle n'eut
plus la force de s'en préoccuper. On la veillait
chaque nuit, et les sœurs se disputaient la triste
consolation de lui rendre ce service. Enfin, elle
n'aurait pu trouver dans sa famille des soins
plus constants, plus intelligents et plus affectueux. Ces preuves multipliées de dévouement
la touchaient jusqu'au fond de l'âme, et son
amour pour sa communauté et pour ses compagnes s'accroissait encore, si c'est possible, par
la reconnaissance. Elle cherchait tous les moyens
de leur témoigner à . son tour sa tendresse, et
quand l'excès de la souffrance lui arrachait un
mouvement d'impatience, une parole un peu
vive, elle rappelait aussitôt la sœur qu'elle avait
rebutée, l'accablait de marques d'affection et lui
demandait pardon de ce qu'elle appelait son in-
gratitude et sa dureté.

S'excusant un jour de ces imperfections près
d'une de ses compagnes du noviciat, elle lui dit :
« Oh ! priez, priez pour moi, j'en ai tant besoin !

Il me faut tant de patience ! Et il en faudra tant
encore ! » La sœur lui répondit en l'assurant de
sa tendre amitié, et en la priant d'offrir de son
côté pour ses pauvres filles (c'est ainsi qu'elle
appelait ses anciennes compagnes) un peu de
ses souffrances : « Ce n'est pas un peu, répliqua Sabine avec un doux sourire, c'est beaucoup, oh ! oui, beaucoup, que j'offre pour
elles ! »

A partir de l'Assomption, l'état de la malade
s'aggrava d'une manière inquiétante, l'enflure de
ses jambes augmenta rapidement ; l'oppression,
déjà si pénible depuis longtemps, devint beaucoup plus forte. Son délaissement spirituel semblait croître avec sa faiblesse et ses souffrances
physiques ; elle était tout éperdue, et dans ce
naufrage de son corps et de son âme, le phare
de l'espérance et de l'amour semblait éteint à
jamais, et la laissait dans de lamentables ténèbres ; il était évident qu'elle touchait au point
culminant de ce calvaire qu'elle gravissait si
douloureusement depuis six mois. Le 18 août,
elle eut encore la force de se traîner au parloir,
pour y voir un de ses beaux-frères qu'elle avait
toujours particulièrement aimé et qu'elle n'avait
pas vu depuis longtemps ; avec sa simplicité
habituelle, elle lui laissa voir l'abîme de la

désolation où elle était plongée, et il sortit navré de cette entrevue. Ce fut la dernière fois qu'elle quitta sa chambre. Dans la nuit du 27 au 28, elle eut une crise d'étouffements si violente que, pendant plusieurs heures, ses sœurs craignirent de la voir succomber : ce fut une véritable agonie. D'après l'avis du médecin et dans la prévision d'une nouvelle crise qui eût été la dernière, on lui parla de recevoir les sacrements. Les sœurs craignaient que cette proposition, en lui révélant l'imminence du danger, ne réveillât ses terreurs de la mort. Il n'en fut rien : si la tentation de la nature était forte, la grâce était plus forte encore. Elle se confessa, communia avec une tendre piété, reçut le sacrement de l'Extrême-Onction avec la sérénité de ses plus heureux jours, et quand la cérémonie fut accomplie elle s'écria avec une joie toute céleste : « Oh ! que les grâces de Dieu sont abondantes ! »

A partir de ce moment et pendant le reste de son séjour en ce monde, ses angoisses de corps et d'âme s'adoucirent sensiblement, et sauf quelques retours douloureux, elle retrouva en partie ce calme, cette paix angélique dont le Seigneur l'avait gratifiée pendant toute sa vie. Sa faiblesse alla toujours croissant, mais ses souffrances

aiguës diminuèrent, et ce fut par une pente
relativement douce qu'elle descendit au tombeau.

Elle eut d'ailleurs jusqu'à la fin une consolation indicible et qui lui avait fait défaut depuis
qu'elle ne pouvait plus aller à la chapelle : ce
fut la permission que lui accorda l'autorité ar-
chiépiscopale, de recevoir la sainte communion
en viatique tous les trois jours. Le Seigneur vint
à celle qui ne pouvait plus aller à lui, et chacune
de ses visites était pour elle une source d'inef-
fables délices.

Les sœurs ont gardé un souvenir profond de
ses paroles, de ses tendresses et de sa charité,
pendant les longues nuits des deux derniers
mois qu'elle passa sur la terre. Elle craignait
toujours que ses compagnes ne se fatiguassent
à la soigner, et elle veillait avec une douce sol-
licitude sur celles qui la veillaient elle-même.
Ayant trouvé qu'une de ses compagnes de noviciat s'était dérangée trop souvent pendant la
nuit à son sujet, elle s'en plaignit à la sœur infirmière qui la soignait pendant le jour. —
« Voulez-vous, lui dit celle-ci, qu'on ne l'appelle plus quand son tour reviendra ? — Oh !
non, répliqua Sabine, la pauvre fille, cela lui
ferait de la peine. Dites-lui seulement qu'une

autre fois, elle ne se derange que quand je l'appellerai. »

Un soir, se trouvant plus souffrante encore que d'habitude, elle fit signe à la sœur qui la veillait d'approcher de son lit et lui dit avec un accent singulièrement touchant et affectueux : « J'ai peur d'avoir une mauvaise nuit, j'aurai la fièvre. Si je vous dis quelque chose qui vous fasse de la peine, n'en ayez pas de chagrin, c'est le mal ! Si vous saviez comme je souffre ! Si le bon Dieu me guérit, je vous rendrai tout cela... C'est une bonne maladie que celle-là, ajouta-t-elle ; je ne sais pas si je guérirai ou si je mourrai ; mais si je me rétablis, je vous assure que je saurai soigner les malades ; je comprends maintenant qu'il faut avoir souffert pour savoir soulager les autres ! »

L'excès de la souffrance lui arrachait-il quelque plainte, elle demandait aussitôt qu'on lui donnât son crucifix, et le tenant dans ses mains, elle ne cessait de le baiser. « Oh ! mon bon Jésus, je vous en prie, laissez-moi dormir ! J'en ai assez ; c'est fini, n'est-ce pas ? Je ne tousserai plus ? » Puis se retournant vers la sœur, elle la remerciait par un aimable sourire de l'assistance qu'on lui avait donnée : « Pauvre fille, disait-elle souvent, quelle nuit je vous fais passer ! »

Elle s'informait affectueusement de chacune de celles qu'elle ne voyait pas, s'intéressait encore à tout ce qui les touchait, et malgré son état pitoyable, trouvait de la pitié pour les peines des autres. Parfois même, pendant ces douloureuses insomnies, elle cherchait à égayer par quelque douce plaisanterie les sœurs qui la veillaient. Il lui arriva, pour les distraire et leur donner le change sur ses souffrances, de leur chanter des chansons de sa jeunesse, et elle ne s'arrêtait que lorsqu'une vieille quinte, comme elle disait en souriant, la forçait à se taire. Une nuit, l'une d'elles, prise d'une violente envie de tousser, et voulant la comprimer de peur d'éveiller Sabine qu'elle croyait endormie, fut obligée de céder à la nécessité. La sainte malade, au lieu de la reprendre, se tourna vers elle avec un bon sourire et lui dit : « Pauvre malheureuse! quelle toux vous avez! Si un voleur caché sous un lit avait un pareil besoin de tousser, il se rait mal à l'aise! »

Une autre fois, elle dit à une sœur qui passait la nuit auprès d'elle et qui était alors au milieu de sa retraite : « Vous êtes donc en retraite? Vous êtes bien heureuse! Pour moi, je n'en ferai pas cette année. D'ailleurs je puis m'en passer, mon bon Jésus m'a appris tant de choses depuis qu'il me tient attachée avec lui à la croix, que je n'ai plus besoin de rien connaître, si ce n'est le ciel où j'irai bientôt. Mon Jésus n'est plus qu'au ciel pour moi, je ne dois donc plus vouloir vivre ! »

Cette dernière parole si résignée, si touchante, si sublime dans sa simplicité, me paraît résumer la vie et exprimer l'âme de ma sainte sœur mieux que tout ce que je pourrais dire : elle est là tout entière.

Elle avait toujours attaché une grande importance aux anniversaires, et elle voyait cette fois approcher le 17 septembre avec un mélange d'espérance et d'anxiété. C'était le jour où, dix ans auparavant, sa nièce et sa filleule, la petite Sabine, s'était envolée de ce monde : « Vous verrez, disait-elle, que ce jour-là il m'arrivera quelque chose du ciel. » Elle s'attendait à mourir en cette même journée. Son pressentiment ne se réalisa point, mais dès le matin, il se passa en elle quelque chose d'extraordinaire; elle semblait tout occupée intérieurement. A un certain moment, la sœur qui la soignait voyant qu'elle la regardait en souriant, lui demanda : « Eh bien, qu'y a-t-il donc ? — Sabine m'a assurée, répondit la malade, que dans un mois j'irais la rejoindre au paradis. »

La sœur se souvint de cette parole quand un mois plus tard, le 20 octobre, elle la vit en effet partir pour le ciel.

A dater des premiers jours d'octobre, sa faiblesse devint si grande, sa respiration si haletante, qu'on dut s'attendre chaque jour à la voir s'éteindre comme un cierge dont la cire est toute consumée. Pourtant la flamme du saint amour brillait toujours dans son regard et y brilla jusqu'à la fin. Sa mère et sa sœur jumelle, admises dans l'intérieur du monastère, où elles avaient l'habitude de faire des retraites, ne la quittèrent pour ainsi dire pas, durant les deux dernières semaines de sa vie. Elles purent constater par elles-mêmes de quels soins maternels et fraternels leur chère mourante était entourée au sein de sa famille religieuse. Son frère aîné vint plus d'une fois pendant ses derniers jours la confesser et lui apporter la communion. Elle ne manqua donc d'aucune consolation spirituelle.

Le 19 octobre, on crut qu'elle ne passerait pas la journée. Depuis deux jours déjà, elle avait retrouvé dans sa plénitude ce sentiment de l'union intérieure avec Dieu, dont l'absence l'avait si cruellement éprouvée. A la manière dont elle embrassa le soir sa

mère et sa sœur jumelle, il était évident
qu'elle croyait les embrasser pour la dernière
fois.

Son frère lui adressa, avant de la quitter,
quelques mots de foi et de tendresse chrétienne
qu'elle accueillit avec une douce émotion :

« Tu vas donc aller avec le bon Dieu ? Tu vas
voir Jésus face à face ; tu vas voir la sainte
Vierge, saint François de Sales, saint François
d'Assise ! Comme tu es heureuse ! Je voudrais
bien être à ta place ! Comme nous nous sommes
aimés sur la terre, n'est ce pas ? Tu es ma petite
sœur du Ciel, nous allons nous aimer encore
bien davantage. »

Elle lui répondait par un sourire angélique.
On voyait qu'elle savourait silencieusement la
joie de sa paix et de son union retrouvées.

Cependant, autour d'elle, on demandait, on
attendait plus encore. La pauvre sœur converse
qu'elle avait tant aimée et qui, depuis plusieurs
mois, l'avait soutenue et encouragée tout particulièrement dans ses épreuves spirituelles, voulait une manifestation de la sainteté de cette âme
prête à partir et de la gloire qui l'attendait au
Ciel : « Seigneur, disait-elle et répétait-elle
sans cesse avec cette admirable éloquence
que les âmes les plus simples puisent dans le

sein du Verbe Éternel, Seigneur, vous qui êtes
l'enchanteur des âmes, enchantez donc ma
bonne petite sœur ! Enchantez ce cœur qui est
tout à vous ; venez l'investir tout entier. Je vous
demande cela pour elle-même, pour toute la
communauté, pour toute la famille. Je vous le
demande pour vous-même, Seigneur, afin qu'elle
voie que vous êtes fidèle ! Venez prouver vos
miséricordes et montrez que cette âme est toute
à vous ! »

Cette ardente et sainte prière allait obtenir son
effet. La nuit se passa sans accident ; bien que
douloureuse, à cause d'une toux incessante, elle
fut calme, même joyeuse. Après les quintes, la
chère mourante reprenait immédiatement ce
sourire si fin, si gracieux, qui avait toujours
donné à son visage quelque chose de tout spécialement sympathique. « Ce n'est pas grand'-
chose, disait-elle ; qu'est-ce qu'une souffrance
comme celle-là ? ô mon bon Jésus, je vous aime. ! »
Et elle baisait avec un amour de petit enfant le
crucifix plein de reliques, que son frère lui avait
confié le lendemain de son Extrême-Onction, le
29 août. Elle ne l'avait pas quitté depuis ce jour,
et c'est sur cette image du Sauveur qu'elle devait rendre le dernier soupir. — « Entendez-
vous chanter mon petit oiseau ? » disait-elle à la

bonne sœur qui la veillait (elle voulait parler
du sifflement que rendaient ses pauvres poumons
presque détruits) ; « le petit coquin, comme il
fait du bruit! » On l'entendait en effet dans toute
la chambre.

Le matin, vers huit heures, elle entra tout à
coup dans une sorte de ravissement. La présence
de Dieu en elle devint si visible et si admirable,
que la sœur envoya chercher immédiatement la
mère supérieure, la sœur déposée et trois ou
quatre autres religieuses. Pendant cette extase
d'amour qui dura près d'une demi-heure, la
bienheureuse épouse du Christ baisait son petit
crucifix avec de grands transports. « O mon
Jésus, mon Jésus, s'écriait-elle d'une voix aussi
forte que si elle eût été en pleine santé, que je
vous aime ! Que je suis heureuse ! Venez bien
vite, venez me prendre, me mener au Ciel !
Maintenant, je n'ai plus peur de mourir ; depuis
trois jours, c'est fini. Je désire mourir pour aller
avec vous ! ô mon bon Jésus, je vais donc vous
voir ! Que ce soit aujourd'hui ! Oui, je suis heureuse de mourir. Ma chère communauté, mes
bonnes sœurs, nous ne nous quitterons pas : je
serai toujours avec vous. »

Puis, avec un accent tout particulier : « Je ne
vois pas bien encore ce que c'est ; mais je sais

qu'un grand bien va arriver à la communauté à cause de moi. Ce sera un grand bien, mais je ne vois pas bien ce que c'est ! »

La sœur déposée, ancienne supérieure et confidente de Sabine qu'elle aimait comme son enfant, a dit depuis, que si ce transport avait duré encore quelques instants, la sainte mourante n'aurait pu le supporter. Craignant que la violence de son désir et de son amour n'achevât de briser sa vie, elle fit immédiatemement avertir la famille. Ses frères présents à Paris, accoururent au monastère, et versèrent des larmes en apprenant la grâce que Dieu venait de lui faire.

Vers dix heures, son frère aîné fut admis auprès d'elle. Elle était sur son lit, la tête couverte d'un voile blanc, pleine de sérénité et de joie. Son visage amoindri par la souffrance lui donnait l'apparence d'un petit enfant. L'extase était passée, mais la visite du Seigneur avait laissé dans son âme et jusque sur son visage une paix céleste qui y demeura jusqu'aux approches de l'agonie. Ses souffrances mêmes ne l'en faisaient point sortir : « Est-ce que cela trouble ta paix ? lui demanda une ou deux fois son frère après des crises douloureuses. — Oh ! non, du tout, répondait-elle doucement, seulement cela fait mal. »

Vers dix heures, elle appela son frère seul près de son lit ; elle se confessa une dernière fois des petites misères de son innocente vie et surtout des fautes qui avaient pu lui échapper durant sa longue et terrible maladie. Sa confession terminée, elle lui fit, avec une présence d'esprit merveilleuse, beaucoup de recommandations particulières, n'oubliant personne, ni parents, ni amis, ni même les pauvres qu'elle secourait et qui allaient perdre en elle leur seconde Providence. Elle le pria de demander pardon pour elle à la sœur infirmière, dont elle croyait avoir quelquefois accueilli les soins avec un peu d'impatience. Puis il la quitta pour aller à la chapelle chercher le Saint-Viatique. Elle indiqua elle-même comment il fallait disposer les flambeaux et le crucifix, et quand tout fut prêt, les mains jointes et la tête voilée, elle attendit son bien-aimé.

Bientôt, le son de la clochette annonça l'arrivée du Seigneur. Il passa porté dans les mains de son prêtre, suivi de toute la communauté : chaque religieuse tenait un cierge allumé. Je n'essaierai pas de peindre cette scène déchirante et sublime, ce prélat aveugle élevant devant les yeux de celle qui était deux fois sa sœur le corps sacré du Sauveur, lui adressan

d'une voix que les larmes faisaient trembler
quelques paroles de consolation et de sainte espérance, et déposant sur les lèvres de la mourante
le gage de sa résurrection et de son bonheur
éternel. Tous les assistants agenouillés priaient
et pleuraient : ils étaient remplis de tristesse et
de joie. Dieu était au milieu d'eux et tous sentaient sa présence.

Après qu'elle eut reçu la sainte hostie, Sabine
demeura quelque temps immobile, comme si
elle fût déjà morte; mais ce n'était pas l'anéan-
tissement de la mort, c'était celui de la foi et de
l'amour. Au bout de quelques minutes, son frère
s'approcha d'elle, adorant en elle Jésus comme
en un très-pur tabernacle. Elle l'embrassa tendrement et à plusieurs reprises : « Nous ne nous
quitterons jamais, lui dit-elle. Tu prendras bien
soin de maman, tu tâcheras d'être là quand elle
mourra, pour l'aider. » Puis elle ajouta : « Tu
ne me quitteras pas, n'est-ce pas ? Tu resteras
jusqu'à la fin. La bonne sœur déposée m'a promis que je n'étoufferais pas et que je mourrais
aujourd'hui. Qu'en penses-tu ? » Il lui répondit
qu'en effet, elle ne passerait pas la journée. —
« Oh! tant mieux ! Prie pour que cela soit
bientôt. »

Il lui parla aussi du bonheur qu'elle avait de

mourir à la Visitation, épouse de Jésus-Christ, comblée de ses grâces depuis son enfance. «Voici la fin du travail, plus de douleurs, plus de dangers. Voici ton Époux qui vient te chercher pour te faire entrer en son beau Paradis. — Oui, oui, reprit-elle. J'y vais avant toi, je t'aiderai au moment de la mort. Toi aussi, tu auras une bonne place. »

Sa mère, sa sœur s'approchèrent chacune à leur tour et reçurent ses dernières tendresses. Elle s'attendrissait visiblement quand on lui recommandait de protéger les enfants de la famille. « Pauvres petits, je les aime tant ! »

Elle demanda naïvement pardon à sa mère de toutes les peines qu'elle pouvait lui avoir causées, et comme la pauvre mère l'assurait en pleurant qu'elle n'avait rien à lui pardonner, qu'elle avait toujours été la meilleure des filles, la chère mourante l'embrassa et lui répétait : « Vraiment! C'est bien vrai? Quel bonheur ! »

Elle dit à sa sœur jumelle : « Ma pauvre Henriette, c'est aujourd'hui mon grand jour, entends-tu? C'est mon grand jour. Mais ne pleure pas ; je ne veux pas que tu aies de la peine, je suis si heureuse ! »

Elle prononçait toutes ces paroles avec un

sourire, un regard et un accent divins et pénétrants dont on ne saurait exprimer la douceur.

Vers deux heures, elle s'endormit un peu. En se réveillant, elle sourit : « Je ne sais pas ce que c'est; je ne souffre plus de nulle part. C'est donc comme cela qu'on meurt? Oh ! que c'est bon de mourir! Il me semble que je suis déjà dans le ciel. » Et se tournant vers sa jumelle qui se tenait près de son lit, elle ajouta avec une sorte de solennité : « Vois-tu, mon Henriette, n'aie jamais peur de la mort : c'est trop bon de mourir ! »

Elle répéta la même chose à une de ses amies d'enfance, hôtesse et presque sœur de la Visitation, et elle lui dit ensuite : « Je t'aime ; je t'appellerai bientôt ! » Cette parole enivra d'amour de Dieu celle qui la reçut.

Vers quatre heures et demie, à la chute du jour, les premiers signes de l'agonie commencèrent. Elle ne pouvait presque plus rejeter les mucosités qui s'amassaient dans sa poitrine. Elle n'avait pas de crises d'étouffement, mais elle était de plus en plus oppressée, et dans l'angoisse : « Je n'ai plus de forces, disait-elle de temps en temps. Je crois que ce sera bientôt. » Après quelques moments de silence, elle appela son frère : « Gaston, j'ai de la peine.

Prie et chasse le démon. — Est ce qu'il te tente, ma pauvre enfant? — Non, mais j'ai le cœur serré. J'ai comme envie de pleurer. Je n'ai plus ce que j'avais ce matin, tu sais? Je ne sens plus l'amour. — Tu ne le sens plus, pauvre chérie ; mais il y est, il y est de plus en plus. Ne crains rien. Jésus est avec toi, et il approche. — Est-ce que je suis en agonie? — Pas tout à fait, mais c'est le commencement. — Oh ! si cela pouvait faire bientôt venir mon Jésus! — Je crois bien ! Encore un peu de souffrance. C'est un reste qu'il t'envoie pour te faire éviter le purgatoire. Probablement, il y a encore quelques petites misères à expier. Tu souffres bien en union avec lui, n'est-ce pas? — Oh ! oui, de tout mon cœur ! »

Un peu après, il lui dit encore : « J'aurai bientôt le bonheur d'écrire au Saint-Père. Je lui dirai, n'est-il pas vrai, que tu offres ta vie pour lui, pour Rome, pour la sainte Église? » Il savait, et elle lui avait avoué plus d'une fois, que tous les jours elle faisait d'elle-même cette offrande, car elle avait un cœur absolument catholique.

— « Oui, certes ; oui, oui, répondit-elle ; mais j'ai un peu peur, parce que déjà j'y ai été prise. Je me suis souvent offerte en victime pour tous les péchés du monde, avec Jésus, et j'ai tant souffert ! »

Vers sept heures du soir, l'oppression augmenta sensiblement ; elle souffrait beaucoup : elle eut même quelques syncopes passagères. Au sortir de l'une de ces crises, elle dit doucement : « Je vis donc encore ? » Son frère était auprès d'elle. « Regarde, j'ai déjà une main qui est morte. — Laquelle ? — Celle-là, la droite, elle est toute froide. »

Elle eut encore une petite crise. « Ce n'est rien, ma chère sœur, cela va passer, » lui dit l'excellente sœur infirmière pour l'encourager. « Si tu savais, interrompit Sabine s'adressant à son frère, l'effet que cela me fait quand on me dit : cela va passer ! » Et il fallut, pour la consoler, lui dire qne cela ne passerait pas et que le Bon Dieu approchait. En effet, il approchait. « Pour le coup, c'est l'agonie, soupira-t-elle. — Oui, ma fille, et voici Jésus qui va venir. — Oh ! qu'il vienne donc le plus tôt possible ! — Oui, le plus tôt possible, et cependant, quand il voudra, n'est-ce pas ? — C'est cela, le plus tôt possible et quand il voudra. — Qu'est-ce que deux ou trois heures et plus, en comparaison du bonheur éternel et de l'infinie éternité où tu vas entrer ? — C'est vrai, mais je ne croyais pas que ce fût si dur. Au moins, crois-tu que ces souffrances le fassent venir ? — Oui, chère

enfant, il vient ! Dis-lui : « Jésus, mon amour ! »
Elle le dit aussitôt, le répéta deux fois : ce fut la
dernière parole intelligible qu'elle prononça :

Jésus, mon amour ! » C'était bien en effet le
résumé de toute sa vie.

Il était environ huit heures un quart du soir.
La communauté vint dire adieu à sa chère
petite sœur : mais pour ne point accroître la fatigue et l'oppression de sa dernière heure, on
récita dans une chambre voisine les prières des
agonisants. La respiration devenait de plus en
plus difficile. Déjà, elle ne semblait plus entendre ; mais elle conservait, jusque dans les
angoisses de l'agonie, son aimable sourire et la
paix de son visage. Elle ressemblait à un pauvre
enfant endormi.

Tous les assistants se mirent à genoux, et
avant de commencer les grandes prières de la
recommandation de l'âme, ils récitèrent ce qu'on
appelle à la Visitation les trois *Pater* de l'agonie.
C'est une pieuse tradition, qui, d'après l'expérience des religieuses, manque rarement son
effet et abrége sensiblement les douleurs du
dernier combat. Tous les yeux étaient pleins de
larmes, mais une joie surhumaine remplissait
tous les cœurs. C'était vraiment une heure divine.

Ma sœur demeura dans ce sommeil jusqu'à

neuf heures. Agenouillé près d'elle, son frère bénissait au nom de Jésus, de la sainte Vierge, de saint François de Sales, chacun de ses soupirs, qui s'échappaient de plus en plus rares. Enfin, sous une dernière absolution, il sentit la main droite de la mourante qu'il tenait dans la sienne se raidir dans un effort suprême de l'âme contre la mort. Il appliqua le crucifix sur les lèvres de la sainte épouse de Jésus-Christ, et elle rendit, sans autre secousse, son dernier soupir.

Tous récitèrent en sanglotant le cantique d'actions de grâces de la sainte Vierge, le *Magnificat*. Son frère lui ferma les yeux, l'embrassa et la bénit une dernière fois. Sa mère, sa sœur, couvrirent son visage et ses mains de baisers et de larmes ; puis ils se retirèrent, laissant les religieuses commencer auprès de sa dépouille mortelle les prières que prescrit la règle et qui ne s'interrompent pas un seul instant jusqu'à la fin de l'enterrement.

C'était le 20 octobre 1868, à neuf heures du soir. Sabine avait passé sur la terre trente-neuf ans, sept mois et huit jours.

## CHAPITRE DIXIÈME ET DERNIER

Les tendres soins que les sœurs de Sabine
avaient donnés à sa maladie et à ses derniers
moments, elles les prodiguèrent à sa dépouille
mortelle. On la revêtit de ses habits de religieuse,
on lui mit sur la tête une couronne de roses
blanches, et, après l'avoir veillée toute la nuit,
on la descendit dans le chœur, en présence de
celui qu'elle avait si souvent adoré en ce lieu, et
qu'elle contemplait maintenant face à face dans
son éternité. Les larmes et les prières ne ces-
sèrent de tomber autour d'elle et sur elle, jusqu'au moment où, les cérémonies de l'Église
étant accomplies, son corps fut emporté hors de
ce cloître bien-aimé que son âme venait de quitter
pour le Paradis.

Comme elle l'avait dit quelques semaines
auparavant à l'une de ses compagnes, elle était
une *belle morte*. Le sourire naïf et vraiment séraphique, qui, de son vivant, illuminait son visage,

avait survécu à la mort et dormait maintenant
sur ses lèvres froides et sur son front immobile.
Amoindrie par la maladie qui avait peu à peu
dévoré sa substance, el'e semblait un petit enfant qui repose et qui voit les anges pendant son
sommeil. Tout respirait en elle une paix sereine
et presque surnaturelle. Le charme inexprimable
de sa physionomie ne l'avait point abandonnée
et tempérait la solennité de la mort : sur sa
couche funèbre, elle était encore tout aimable
et toute gracieuse.

La douleur de la communauté était profonde,
mais pleine de consolations. Les larmes cou-
laient avec douceur des yeux de ses compagnes,
et une impression divine se mêlait, en les do-
minant, aux impressions de la chair et du sang.
Les enfants du pensionnat ressentaient les mêmes
émotions. L'une d'elles voyant, à l'aube du
jour, le ciel tout rose, s'écria : « Le Bon Dieu
célèbre les noces de ma sœur Jeanne-Françoise !
C'est l'épouse de Notre-Seigneur Jésus-Christ ;
il peut bien lui faire de belles noces! » D'autres
demandèrent comme une grâce insigne la faveur
de baiser la croix qu'elle portait sur sa poitrine,
et quand elles y eurent posé leurs lèvres avec
respect, elles dirent à la religieuse qui les
dirigeait : « Oh ! ma sœur, comme cette croix

sent bon ! Elle sent comme ma sœur Jeanne-
Françoise ! »

Ses funérailles eurent lieu le jeudi, 22 octobre, à huit heures et demie du matin. Ses frères,
ses parents étaient réunis dans l'humble chapelle du couvent. Quelques amis, quelques pauvres reconnaissants et désolés, s'étaient joints à
eux, comme au jour de sa profession. Comme
en ce jour aussi, elle était de l'autre côté de la
grille, à la place même où elle avait prononcé
ses vœux. Les mains chastement croisées sur
sa poitrine, elle reposait dans son cercueil ouvert. Le drap mortuaire était couvert de fleurs,
semblables à celles qui couronnaient son front.
Les religieuses se tenaient à l'entour : parmi
elles, sa pauvre mère et sa sœur jumelle étaient
cachées, priant et pleurant.

Après la messe, et pendant les prières sublimes qui se disent pour la sépulture des religieuses, on nous fit entrer dans la chapelle intérieure du cloître, afin d'aider à soulever son
cercueil trop pesant pour les bras des sœurs.
Nous nous approchâmes de sa dépouille inani-
mée et nous eûmes la douloureuse consolation
de coller une dernière fois nos lèvres sur ses
mains froides et sur son visage toujours souriant.
Chère Sabine, sœur bien-aimée et bienheureuse,

tandis que nos larmes mouillaient ton pauvre corps sans vie, ton âme nous regardait et nous consolait du sein de Dieu!

Les religieuses firent retomber son voile noir sur son visage qui disparut pour toujours à nos regards. Aidées par nous, elles portèrent le cercueil jusqu'à la grille qui sépare les deux chœurs, et la dépouille mortelle de notre sœur sortit du cloître à travers l'ouverture étroite et sacrée, par où, tant de fois, le Seigneur était venu se donner à son épouse dans le sacrement de l'Eucharistie. On referma alors la bière, on la mit sur l'humble corbillard des pauvres, et nous la suivîmes à pied jusqu'au cimetière Montparnasse : c'est là qu'est le caveau mortuaire des religieuses de la Visitation. L'impitoyable loi, sous prétexte de salubrité, leur interdit d'avoir une sépulture particulière dans l'intérieur du cloître. Elle enlève ainsi à ces saintes filles la consolation de penser qu'elles reposeront à l'ombre du monastère, près des chants et des prières de leurs compagnes. Ce n'est qu'après vingt-cinq ans, lorsque le temps a fait son œuvre et n'a plus laissé que des ossements desséchés, qu'elle permet aux religieuses de faire exhumer ces restes désormais inoffensifs, et de les déposer dans un sanctuaire construit à cet effet au fond de leur jardin.

Après les dernières prières et les dernières bénédictions de l'Église, le caveau se referma sur le cercueil de celle que nous avions perdue, et les assistants s'éloignèrent avec beaucoup de larmes, mais aussi avec beaucoup de consolations. Car tous croyaient et savaient que ce corps corruptible ressusciterait un jour dans l'incorruptibilité, et que le Seigneur l'associerait à la gloire dont l'âme sainte, qui l'avait animé, jouissait déjà dans l'éternelle béatitude du paradis.

Et maintenant, que me reste-t-il à faire, sinon à invoquer comme une sainte celle dont je viens de retracer bien imparfaitement l'angélique figure? Oui, nous pouvons, j'oserais presque dire nous devons l'invoquer, et s'il est permis de croire à des assurances multipliées qui ne semblent pas venir des illusions de la foi ni de l'amitié, mais de Dieu même, sa félicité éternelle est pour nous plus qu'une pieuse espérance. Écoute donc ma prière, ô ma chère sœur, ô ma sainte filleule, écoute-la, et obtiens de Dieu qu'il l'exauce! Veille sur nous tous qui t'avons aimée pendant ton passage sur la terre! Garde ta double famille, celle du c'oître et celle du monde! Que la première donne toujours à Dieu de fidèles épouses et la seconde de fidèles

serviteurs ! Garde dans la paix et dans la sainteté de l'amour la vieillesse de ta mère, la matu-
rité de tes frères et de tes sœurs, la jeunesse de
leurs enfants ! Toi qui as voulu rester toujours
petite par l'humilité et la simplicité, veille particulièrement sur tous les petits de la famille !
Obtiens-nous, obtiens-leur de grandir devant
Dieu en grâce et en vertu comme en âge, de
servir fidèlement comme toi Notre-Seigneur
Jésus-Christ pendant le voyage de cette vie, et de
le recevoir comme toi pour récompense au jour
où la mort nous fixera tous dans notre Éternité !

APPENDICE

# APPENDICE

———

J'ai dit, dans la vie de ma sœur, qu'elle avait laissé un assez grand nombre d'écrits spirituels, qui, pour la plupart, étaient des résumés de ses conversations avec le prêtre éminent qui dirigeait son âme. J'ai pensé rendre service à beaucoup d'âmes chrétiennes et en même temps achever de faire connaître ma sœur, en publiant, à la suite de sa biographie, ces écrits, qui me paraissent aussi remarquables de style que purs et profonds de doctrine. Je connais peu d'ouvrages de haute spiritualité aussi admirables de fonds et de forme que ces pages écrites par une

religieuse dans la cellule d'un pauvre monastère. Il est vrai qu'elles sont le souvenir et
l'écho des conseils d'un des prêtres les plus
pieux, les plus savants, et en même temps les
plus littéraires de notre siècle.

# RÈGLEMENT SPIRITUEL

QUAND ELLE ÉTAIT ENCORE DANS LE MONDE

13 novembre 1856.

Subordonner tout à la vie intérieure.

*Le matin.* Demi-heure de méditation, la sainte messe, lecture de l'Écriture sainte. Dans l'après-midi. Demi-heure devant le Saint-Sacrement. 2, 3, dizaines de chapelets.

*Le soir.* — Lecture de la Vie des saints ou des Actes des martyrs. Pour la méditation : pendant 5 ou 6 minutes, se pénétrer profondément de la présence réelle de Notre-Seigneur en moi, uis sur une parole de l'Évangile s'entretenir *avec* Jés s-Christ, l'écouter dans le silence. Quand cette parole ne nous dit plus rien, en prendre une autre. La lumière se fera, Jésus se parlera en moi, s'éclairera en moi. — Puis prendre une résolution pratique et particulière pour la journée. Les effets de cette méditation sont de me faire vivre en Jésus, de sa vie intime, intense, ardente. Je parle, c'est Jésus qui parle, je suis l'organe. J'agis, c'est Jésus qui agit, ce n'est pas moi. Je m'efface, je meurs à ma vie natu-relle. Mes visites de pauvres, je les fais dans cette union ; c'est Jésus qui entre, qui parle par moi ; je laisse répandre cette lumière qui est en moi. Je n'ai plus de motifs naturels, je sanctifie les âmes et je me sanctifie moi-même ; il n'y a p'us d'agitation, de dissipation par les bonnes œuvres : elles ne sont ainsi qu'un exercice de plus de recueillement intérieur. *« Celui en qui je demeure porte beaucoup de fruits. »* Communier souvent pour avancer dans cette voie de Dieu.

43 décembre 1856.

En s'efforçant de garder la présence de Dieu, il ne faut pas chercher une trop grande perfec-tion. L'intention que nous en avons supplée pendant les distractions. Seulement il faut avoir soin entre chaque œuvre de rentrer en moi où Notre-Seigneur m'attend. — Je dois veiller surtout à devenir *humble;* c'est le fondement de la vie intérieure. — Mes pensées d'amour-

propre, de désir de l'estime, sont un piége du
démon. Le moindre levain d'amour-propre suffit pour m'enlever tout le mérite de mes bonnes
œuvres et je dois avoir sans cesse à l'esprit cette
parole de Saint Paul : « Ce qui paraît grand aux
yeux des hommes est petit et méprisable devant
Dieu. » Quand j'ai ces pensées de satisfaction
sur moi ou que je m'entends louer, je dois me
souvenir de mes grands défauts et m'humilier
tant que je puis de mes mauvais penchants devant Dieu. — C'est là mon principal travail, ma
grande affaire pour le moment : chercher à être
plus humble.

21 janvier 1857.

Il faut m'attacher à *mortifier* mon corps, car
Notre-Seigneur régnera dans mon âme dans la
mesure que je régnerai sur mon corps ; le
corps a entraîné l'âme ; il a une dette à acquit-
ter envers elle. Les jours surtout où j'ai le bonheur de faire la sainte communion, quand je
possède tout entier l'esprit de Notre-Seigneur, il
faut me renouveler dans cette résolution de me
mortifier, me plonger dans l'amour de Notre-
Seigneur. Le bon Dieu ne m'envoie pas de croix

parce que je suis trop petite pour les porter ; mais je peux me mortifier à chaque instant ; ce n'est pas tant la mesure des souffrances que l'amour avec lequel on les offre à Notre-Seigneur.

Pour ma vie intérieure, il faut m'attacher à être moins Marthe et davantage Marie ; et comme Jean-Baptiste le disait de Notre-Seigneur, je peux aussi le dire de ma *vie intérieure* et de ma *vie extérieure* : « *Il faut qu'il croisse et que je diminue.* » Il faut que je modère, que je calme ma vie extérieure ; — Dieu m'a donné un attrait pour les œuvres de miséricorde ; qu'Il soit béni ! Mais pour les bien faire, il faut avant tout laisser Jésus vivre en moi ; car ma nature d'elle-même ne peut rien ; — les saints n'agissaient si puissamment sur les âmes que parce qu'ils laissaient Jésus agir en eux. — Quand donc je me sens dissipée, il faut doucement me ramener en moi-même avec Notre-Seigneur, faire souvent, quand je suis au milieu des autres, des actes intérieurs d'amour, de foi, d'espérance, d'humilité, de confiance, afin qu'à ces moments même de distraction, je puisse entendre si le Seigneur veut me dire une parole ; car il ne parle que lorsqu'on se tait ; il veut le calme et le recueillement. — Imiter en cela la sainte Vierge. Faire pénitence pour l'Église.

5 février 1857.

Les tentations qui m'affligent sont un signe que le démon est mécontent de moi ; il faut les mépriser, les chasser par de courtes invocations à Jésus ou à Marie ; ces combats sont des marques d'avancement spirituel.

Pour la mortification, il ne faut pas désirer des peines ; je peux être tranquille, les croix ne me manqueront pas ; c'est la promesse de Dieu qui est infaillible ; mais il attend que je puisse les porter ; maintenant je prépare la place aux assauts.

D'ailleurs, sans aller si loin, je peux me mortifier à chaque instant ; ce ne sont pas des choses extraordinaires que Dieu demande ; *la perfection consiste à faire les choses communes d'une manière non commune* ; il faut donc m'imposer, par exemple, la mortification de me lever promptement sans m'écouter (en pensant que c'est Notre-Seigneur qui est là et qui m'appelle) ; ne jamais passer un jour sans me mortifier à un repas. — Me mortifier pour le froid. Me mortifier dans mes paroles et ne pas dire ce qui peut m'attirer quelque louange, ou ce qui n'est pas charitable pour mon prochain, quelque petit que cela soit.

Voilà deux petites privations qui sont infiniment précieuses à Notre-Seigneur, faites avec amour. Ce qui est important, c'est de faire ces choses. *avec régularité*, non par saillies.

Il faut le soir me punir si j'ai manqué à ces petites mortifications dans ia journée. — Puis, quand Dieu m'envoie une peine de quelque nature qu'elle soit, comme une migraine, par exemple, il faut dire de temps en temps : « Seigneur Jésus, je vous aime, j'aime ce mal que vous m'envoyez. »

Pour *la méditation*, les aridités que je sens en commençant ne sont pas un temps perdu ; au contraire, ces efforts plaisent à Notre-Seigneur ; — dans un temps marqué par lui, quelquefois tôt, le plus souvent tard, Il nous récompense en un moment de ces jours de travail. — Ce n'est pas le succès qui fait notre mérite devant le bon Dieu, mais le combat, le travail.

Quand je me sens aride, je dois faire ma méditation pendant une demi-heure au moins. — Si Jésus me parle, je peux prolonger pendant trois quarts d'heure, mais sans aucune obligation. — Il ne faut pas me décourager de ces sécheresses ; elles m'avancent dans la voie quoique je ne le sente pas ; tout cela n'est que le commencement des combats qui m'attendent. Mais je ne dois pas me juger moi-même ; il faut croire au jugement de mon père spirituel ; il me dit que je suis dans la bonne voie, que j'avance, que tout ira bien, puisque j'ai le bon vouloir ; — il me dit que *Notre-Seigneur m'aime* spécialement, qu'Il veut que je sois *sainte*. — Je veux donc me soumettre, avoir toujours confiance en Jésus et penser que sa miséricorde est plus grande que nos misères.

Continuer mes communions trois fois par semaine sans m'effrayer de cette grâce si grande ; saint François de Sales dit qu'il y a deux sortes de personnes qui doivent souvent communier : les parfaits, parce qu'ils en sont dignes ; les imparfaits, pour le devenir. Eh bien, c'est comme imparfaite qu'on me permet de recevoir Notre-Seigneur, car c'est lui qui est la racine, le fond, la vie de la perfection ; il faut m'y préparer avec ferveur et grand soin, mais ne pas m'étonner si je ne sens pas de suite les effets de la sainte communion ; — elle agit sans paraître. Bon courage donc.

24 février 1857.

Pour les pensées tourmentantes qui me viennent, il faut les laisser tomber ; si elles revien-

ncnt, il faut les supporter avec patience ; c'est
une malice du démon qui veut m'empêcher
d'avancer ; mais ce temps de combat n'est pas
du temps perdu, et le bon Dieu me prépare sans
doute de plus grandes épreuves ; peu à peu, ces
pensées tombent ; il ne faut pas m'en inquiéter.

Il ne faut pas me décourager quand je me
vois si imparfaite ; c'est très-bien de m'en humilier, mais le découragement, c'est de l'orgueil ;
je voudrais avoir la satisfaction de sentir que je
suis sainte ; eh bien, je ne commencerai à le
devenir que lorsque j'aimerai mon abjection, et
plus je m'approcherai du bon Dieu, plus je me
sentirai petite et misérable.

C'est vrai, je suis encore bien petite, je ne
fais que commencer ; je suis bien peu de chose
encore, mais le bon Dieu a mis en moi de bons
germes, de la bonne volonté, il veut que je de-
vienne quelque chose ; il faut que j'aie bien confiance en lui, car il est sans cesse appliqué à
moi, et pour nous montrer que sa protection ne
nous manquera jamais, Notre-Seigneur nous
affirme que la majesté de son Père céleste ne
laissera pas tomber même un cheveu de notre tête.

Quant à l'attrait que je sens pour la pénitence,
il faut le suivre, me mortifier en tout, me rappeler
que Notre-Seigneur à qui comme Homme Dieu

« la création tout entière s'est proposée » (*saint
Paul*) a refusé volontairement toute consolation
de la part des créatures, que jamais il n'a voulu
sentir une jouissance de la nature. Eh bien,
nous devons tâcher de l'imiter dans ce détachement des sens : me priver d'un regard de curiosité, réprimer le sentiment de jouissance que
peuvent me donner soit une musique agréable,
soit l'odeur d'un parfum, soit la vue d'un beau
temps et du soleil, me laisser moins aller à rire,
surtout pendant ce temps de carême, enfin me
retirer peu à peu de cette vie extérieure. Voilà
l'esprit de pénitence et d'austérité que je dois
demander à Notre-Seigneur.

11 mars 1857.

Mon grand défaut, que je dois absolument
vaincre, car il suffirait pour arrêter tous mes
progrès dans la vie spirituelle, c'est le trouble,
l'empressement, l'agitation intérieure et extérieure. Il ne faut pas me créer des obligations
par rapport aux autres dont je ne suis pas chargée, et quand même j'aurais mis un peu de
lâcheté dans l'accomplissement de mes devoirs,
il ne faut pas m'en troubler et que jamais cela ne
me fasse perdre la paix.

De même pour mes exercices spirituels, il ne faut pas qu'ils soient un sujet de trouble pour moi, car ils ne sont que des moyens d'arriver à la perfection, qui est d'aimer le bon Dieu, de ne pas le craindre comme sa servante, mais de l'aimer comme son enfant.

J'ai beaucoup de zèle, mais il est mal réglé, et avec des éléments qui feraient marcher un gros navire, je me dissipe en vapeur qui fait plus de bruit que d'effet. Il faut donc me calmer et prendre trois moyens : le premier, *prier* pour obtenir cette paix, car la prière est la grande clef qui ouvre tout. Puis me *modérer* dans mes actions; quand je m'aperçois que je suis agitée, dissipée, empressée, il faut me calmer, parler et agir doucement, éloigner comme une tentation les pensées qui m'agitent. — Enfin *me pénétrer de la présence en moi de Notre-Seigneur, du Saint-Esprit :* si je devais porter à travers la ville, un vase d'une liqueur précieuse, avec quel soin je veillerais sur mes mouvements pour ne pas en verser quelques gouttes! Eh bien, mon enfant [1], souvenez-vous donc quel est celui que

---

1. On remarquera ici comme plus loin que ma sœur, résumant les conseils de son directeur, empruntait souvent la forme même de son langage qui était celle d'un entretien d'un père avec sa fille spirituelle.

votre corps contient, et quand vous vous dissi-
pez, pensez que c'est l'Esprit de Dieu, l'onction
sainte que vous répandez hors de vous-même !

Quand vous entrez dans une église, vous ré-
glez vos mouvements, vous parlez à voix basse,
vous vous recueillez et vous vous calmez ; pourquoi ? Parce que vous êtes chrétienne et que
vous adorez la présence de Dieu qui est là ; mais
n'êtes-vous pas vraiment et réellement le sanctuaire de Notre-Seigneur ? Soyez donc en effet
son temple animé, car vous le portez comme la
sainte Vierge portait l'enfant Jésus en elle ; fi-
gurez-vous sa douce gravité, sa paix et son
recueillement ; tâchez de l'imiter, et méditez
sur cette présence intime de Dieu, qui vous
pénétrera de paix et de tranquillité.

Puis, si vous êtes encore troublée malgré vos
efforts, vous devez accepter avec patience cette
épreuve, car le démon vous attaquera sans doute
à mesure que vous combattrez davantage ; mais
le bon Dieu couronne le travail et non le succès.
Ce doit donc être votre principale application.


                          3 avril 1857.


Je suis troublée davantage parce que le démon
engage le combat avec moi ; mais il faut parve-

nir absolument à acquérir la paix de l'âme, car sans cela je ne ferai rien. Pour moi, la chose nécessaire, c'est de simplifier tout ; simplifier mes exercices spirituels, simplifier ma vie extérieure, parce que tout ce que j'ai à faire est au-dedans de moi, mon travail doit être entre Jésus-Christ et moi, il faut que je me recueille, que je me retire en moi pour posséder Notre-Seigneur, selon la parole de l'Écriture : « Ramasse-toi tout entier dans la sainteté, » car « le royaume de Dieu est au dedans de nous. »

Notre-Seigneur m'a évidemment donné la vocation à la vie intérieure ; c'est une grande grâce, mais c'est une responsabilité. Pour conserver et augmenter cette grâce, il faut que j'évite tout ce qui me porte au dehors, j'ai besoin de peu d'exercices spirituels : c'est de méditer seule en moi-même avec Notre-Seigneur, qui m'est nécessaire et qui m'avancera ; tout ce qui me ramène au dedans m'est bon, tout ce qui me fait sortir de moi ne m'est pas bon, même quand il s'agit de bonnes œuvres ; car je ne dois donner autour de moi que de mon abondance, et c'est d'abord et surtout cette abondance qu'il m'importe d'acquérir et d'amasser en moi-même. Quand je me sens dissipée, il faut que je pense à imiter Notre Seigneur qui était en même temps

sur la terre et dans le ciel , que dans mes occupations extérieures, je demeure aussi en Jésus.

Je dois travailler à obtenir cette paix, avec
confiance, sans découragement et me rappeler que je ne fais que commencer à marcher
dans la vie intérieure, que l'union à Notre-
Seigneur est un but et non pas seulement un
moyen ; que la vie de travail, la vie de guerre ,
la vie de souffrances, la vie de combats n'est pas
un temps perdu et qu'il me faut passer par là
pour arriver à la vie *unitive* qui doit être notre
perfection.

18 avril 1857.

Mon défaut est de manquer d'obéissance.
Pour tout le monde l'obéissance est nécessaire ;
mais avec mon caractère et mon genre d'esprit,
j'ai un besoin particulier d'obéir à mes supérieurs ; il faut que je sois soumise : aujourd'hui,
par exemple, je dois prendre la ferme résolution
d'obéir en ce qui concerne mes prières, que mon
Père m'ordonne de toujours dire simplement et
sans scrupule : ce point seul, si j'y manquais,
suffirait pour m'arrêter dans mes progrès spirituels.

Quant à mes troubles, il ne faut pas trop m'en

inquiéter et tâcher de n'y pas faire attention ; *il ne faut jamais discuter avec une pensée qui me tourmente*. Souvenez-vous bien, mon enfant, que le bon Dieu agit dans la paix, et toutes les fois qu'une pensée vous causera du trouble, même si elle vous semble bonne et venant de Dieu, ne vous y arrêtez pas, et repoussez-la comme une tentation.

Vous êtes portée à la pusillanimité, vous vous préoccupez facilement de vous-même, et des autres dont vous n'êtes pas chargée ; vous vous inquiétez de toutes ces choses ; mais comprenez bien, que vous n'avez aucune intendance, que vous n'êtes chargée que de vous-même ; — toutes ces craintes, toutes ces inquiétudes, toutes ces petites peines, sont des toiles d'araignée que le démon tend autour de vous, pour vous arrêter et vous embarrasser ; laissez tomber tout cela, comme de la poussière qui obscurcit vos regards vers Dieu ; *élevez votre esprit, pénétrez-vous de pensées grandes, fortes, généreuses* ; agrandissez votre cœur ; ayez un grand cœur pour le bon Dieu ; soyez généreuse ; c'est comme cela que vous avancerez en Notre-Seigneur ; pensez que vous êtes greffée en Jésus-Christ (*Saint Paul*) que vous devez croître en lui à chaque instant, que toutes nos actions, le sommeil, le manger, le boire, les paroles, tout ce que nous faisons peut et doit servir à la gloire de Dieu. Quelle grande pensée et comme elle nous élève en Dieu!

Souvenez-vous aussi de bien continuer vos mortifications, car plus nous tenons notre corps sous le joug, plus nous avançons dans l'amour de Notre-Seigneur. Mais surtout appliquez-vous à laisser tomber vos préoccupations et vos petitesses et *travaillez à vous élever généreusement en Dieu.*

2 mai 1857.

Il faut bien garder la paix, car la paix, c'est Notre-Seigneur; vous savez, mon enfant, que vous avez Notre-Seigneur en vous; vous voulez le servir, il est à vous, vous êtes à lui; conservez donc soigneusement cette paix : même après une faute, si nous avons la paix, nous retrouvons de suite Notre-Seigneur.

Il faut prendre garde au relâchement, surtout dans ce temps de Pâques où nous n'avons plus les austérités du carême, où tout nous porte à la joie, et puis dans ce moment du printemps où la nature s'ouvre, s'épanouit, où il y a une sorte de courant qui nous entraîne au dehors.

Voyez dans la vie des saints ; lorsque tout se répandait ainsi autour d'eux, ils rentraient en eux-mêmes ; ils résistaient à cette vie extérieure. Eh bien, mon enfant, il faut aussi lutter contre le courant ; je ne dis pas qu'il faut vous guinder, mais il faut vous contenir. Je sais qu'il y a temps pour rire et temps pour pleurer, comme dit l'Écriture ; mais il ne faut pas que notre joie soit terrestre, soit animale ; il faut que notre joie soit spirituelle (*saint Jacques*).

Contenez donc bien votre chair : si vous aimez le bon Dieu, vous serez ingénieuse à vous mortifier ; privez-vous d'un plat, d'une bouchée même ; dans votre conversation, dès que vous vous apercevez que vous êtes trop dissipée, dites intérieurement un mot à Dieu, parlez-lui un instant. Vous ne sauriez croire combien cela vous avancera dans la vie intérieure. Et puis obéissez en tout à ce que votre père spirituel vous ordonne, une direction ne peut être utile que si l'on se soumet absolument.

— Avec mon genre d'esprit spécialement, la désobéissance m'entraverait bien. Il faut donc m'appliquer à remonter un peu la machine spirituelle et dans ce mois de Marie obtenir de la sainte Vierge que je sois bien fidèle à Dieu.

23 mai 1857.

Prenez aujourd'hui, mon enfant, la résolution d'être bien obéissante ; quand vous vous sentez faiblir, faites un signe de croix, rappelez-vous vos promesses, prenez garde que le bon Dieu ne vous envoie le scrupule, car c'est souvent **une** pénitence aussi bien qu'une épreuve, et vous auriez beaucoup à souffrir.

Votre principal ennemi c'est *votre propre esprit :* eh bien, ma fille, combattez-le ; travaillez à devenir bien simple, soyez obéissante comme un petit enfant ; obéissez avec ingénuité, mais en même temps avec générosité à la parole que l'on vous donne.

Dans ces jours de fêtes tout intérieures, l'Ascension, la Pentecôte, la fête du Saint-Sacrement, appliquez-vous à rentrer en vous-même ; conversez avec Notre-Seigneur. « Retirez-vous des choses extérieures et méditez les intérieures, et le règne de Dieu viendra en vous. » (*Imitation.*) Notre perfection c'est le règne de Jésus-Christ en nous ; c'est ce que nous cherchons. Quand Notre-Seigneur nous retire la consolation, soyons plus humble, redoublons nos efforts ; oubliez-vous vous-même, mon enfant ; ne pensez pas à vous, mais donnez-vous toute à Dieu, et aux autres pour l'amour de Dieu ; en étant ainsi bien humble, bien obéissante, bien généreuse, vous avancerez vers le bon Dieu.

Ne retombez pas sur vous-même ; rappelez-vous ce que Notre-Seigneur disait à sainte Catherine de Sienne : « *Ma fille, pense à moi et je penserai à toi.* » Pensez bien à Notre-Seigneur, aimez-le beaucoup et oubliez-vous vous-même ; car vous êtes l'enfant de Dieu et il vous aime beaucoup.

6 juin 1857.

Mon enfant, d'après tout ce que je sais de vous, je peux vous assurer positivement que le bon Dieu vous veut d'une manière toute particulière ; votre vocation à la vie intérieure est claire et ce serait pour vous une grande infidélité que d'y manquer. Entrez donc bien largement dans cette voie de Dieu, donnez-vous tout entière à Notre-Seigneur ; faites tout pour lui ; consacrez-vous à lui pour toujours. Il a droit sur vous, ma fille ; vous vous êtes vendue à Notre-Seigneur ; vous êtes sa propriété que vous ne pouvez pas reprendre.

Soyez bien obéissante, car on est arrêté aussi bien par un fil que par un câble, et votre désobéissance dans vos prières, quoique peu grave en elle-même, est un petit esclavage ; vous ne donnez pas à Dieu tout ce qu'il vous demande ; en refusant ce petit sacrifice, vous lui faites injustice puisque vous lui appartenez et il a droit de vous le demander. Mon enfant, soyez généreuse ; rompez cet obstacle.

Vous êtes lâche, eh bien ! je crois qu'une vie de *pénitence* vous est indiquée par le bon Dieu, pour vous donner plus d'énergie. Ainsi, ma fille, dans ce moment où vous êtes forcée de vous dévouer à une vie extérieure, allez d'abord à l'église faire tous vos exercices spirituels ; puis mettez ce temps sous la protection du mystère de la Visitation de la sainte Vierge et dévouez-vous comme elle chez sainte Élisabeth à un ministère de charité, et pensez que ce que vous semblez perdre d'un côté, vous le gagnez de l'autre, en vous exerçant à des vertus que la vie contemplative ne vous aurait pas données.

Enfin, mon enfant, il faut beaucoup prier, et prier tous les jours, pour que le bon Dieu bénisse cette direction de votre âme, car la lumière du directeur vient souvent en grande partie de la prière fervente et constante du pénitent. Priez donc Notre-Seigneur et la Sainte Vierge.

### *Retraite de prise d'habit*

Août 1858.

Pour rendre nos oraisons savoureuses et utiles, il est nécessaire de traiter des mystères de Dieu avec Dieu même. Pour acquérir la perfection il faut peu savoir, peu désirer, peu penser, peu parler, mais beaucoup aimer et beaucoup faire.

Aller à Notre-Seigneur, c'est la confiance ; le laisser venir, c'est l'abandon. C'est de la charité qu'il est dit : « On donnera à celui qui a, et on ôtera à celui qui n'a pas. » C'est-à-dire que celui qui aime obtiendra d'aimer davantage, mais celui qui ne désire pas aimer, qui ne travaille pas à avancer dans l'amour, on lui ôtera même cette capacité d'aimer que Dieu lui avait donnée en le créant. Il faut sans cesse augmenter notre degré d'amour. L'amour est le meilleur moyen de réparer les fautes. L'obéissance répare aussi, mais l'amour est plus précieux à Dieu qu'un million de mondes. C'est pourquoi un acte d'amour ou une

action faite par amour lui est si agréable qu'il
se plaît à compter celles que chaque âme fait
dans un jour ; et le soir il dit à ses anges :
« Écrivez ce qu'elle a donné ; » et si l'âme a
donné sans compter, il dit : « Écrivez encore
qu'elle n'a pas compté. »

Nous avons promis au Seigneur « de n'être pas
plus ébranlés que les montagnes de Sion. » —
Soyons donc généreux, car nous avons le
Seigneur qui combat en nous. Un signe de
croix suffirait pour mettre nos ennemis en
déroute, et nous avons peur ! Ne nous appuyons
pas sur nous, mais soyons inébranlables à cause
de celui qui est en nous. — Qui osera dire que
quelque chose est trop difficile, quand c'est pour
Dieu, pour l'éternité ? Cela ne vaut-il pas le plus
grand sacrifice ? et le bon Dieu ne nous en
demande que de tout petits.

Le bon Dieu ne veut pas des choses difficiles.
— Il veut qu'on le serve bonnement ; pas lâche-
ment, mais largement. — Une âme qui a de la
bonne volonté est *sûre* d'arriver.

Notre-Seigneur n'aime pas les curieux, ceux
qui se regardent toujours eux-mêmes ; parce
que cela les empêche de marcher. — Notre-
Seigneur aime ceux qui vont toujours en avant,

sans faire des réflexions sur ce qu'ils font.

Notre-Seigneur n'aime pas non plus ceux qui veulent faire du parfait et qui visent trop haut.

Pour être pleinement content, il faut posséder pleinement Notre-Seigneur ; quand nous l'avons tout entier, Il suffit à tout, et le moyen de trouver pleinement Notre-Seigneur, c'est de ne le chercher qu'au moment le moment, sans penser à ce qui est passé ou à ce qui viendra après. Vivons tout entier dans le moment présent où Notre-Seigneur est là qui nous attend. Rien n'est petit devant Dieu.

Pour arriver au don d'oraison, le meilleur moyen est de garder pour Notre-Seigneur tout seul les diverses petites peines ou petites joies qui nous arrivent, sans nous répandre dans les autres ; l'amour de Notre-Seigneur est très-délicat, il doit rendre avec usure le sacrifice d'une parole, d'une confidence qu'on aura gardée pour n'en parler qu'à lui seul.

23 janvier 1850.

Ma fille, rappelez-vous toujours une chose, c'est que Dieu ne change pas ; il est *amour* non-seulement en lui-même, mais aussi vis-à-vis de

nous, et par conséquent toutes ses opérations
envers nous sont des actes d'amour, quelque
dures qu'elles paraissent. Le moment où Notre-
Seigneur délaissé sur la croix s'écriait : Mon
Dieu ! pourquoi m'avez-vous abandonné ? était
le moment où l'amour de son Père était le plus
fort envers lui.

Je vous dis cela, parce que dans votre vie religieuse, il est impossible de ne pas passer par
des épreuves, par des délaissements ; on ne voit
plus Jésus par moment, et quoique sa croix soit
accompagnée de son action, pourtant il semble
que même parfois on ne retrouve plus Dieu,
tant il s'est caché. Eh bien ! ma fille, appliquez-
vous surtout et toujours à chercher Jésus dans
l'état où il a été, analogue à celui où il vous met
intérieurement ; car il a voulu tellement prendre
notre nature humaine, qu'il n'y a pas un état où
il n'ait voulu passer ; et vous le trouverez là
dans toute sa perfection ; c'est là que vous trouverez votre force ; habituez-vous dès votre noviciat à ne pas vous appuyer sur les sentiments,
mais bâtissez sur la foi, sachez que dans quelque
état que Notre-Seigneur vous mette, il vous ai-
mera toujours infiniment, et qu'il faut que vous
passiez par tous les états où Jésus a passé, puisqu'il vous a fait l'honneur d'être son épouse.

Ne vous étonnez pas de ne pas sentir ces élans de ferveur ; il en est de l'âme comme du corps ; la chaleur fébrile est un état maladif ; mais un état calme et paisible est la marque de la sainteté de l'âme aussi bien que de la santé du corps. Pénétrez-vous bien de cette grande vérité, que Dieu en vous créant a eu une pensée, un dessein particulier sur vous. Sa pensée est différente pour chaque créature ; quels sont ses desseins sur vous? Nous ne le savons pas ; mais, ma fille, abandonnez-vous sans réserve à Dieu, afin de ne pas gêner sa pensée sur vous ! Oh ! donnez-vous bien à lui sans réserve ; humiliez-vous de lui refuser quelque chose, lui qui vous a tant donné, mais ne vous tourmentez pas ; ce n'est pas vous qui agirez ; vous ne le pouvez pas ; c'est Dieu qui agira en vous : pour cela priez, priez beaucoup, demandez et puis travaillez.

ma fille, livrez-vous à Jésus-Christ et demeurez livrée ! Si vous saviez combien Jésus veut être libre dans l'âme de ses prêtres d'abord, puis de ses religieux et de ses religieuses ! Combien il veut dominer pleinement en elles ! Dieu n'avait pas besoin par lui-même, mais il a voulu avoir besoin d'âmes qui lui soient dévouées ; il faut lui laisser un domaine souverain ; il faut lui laisser un royaume absolu dans nos âmes ; il faut être sa chose dont il peut user, même abuser, et s'il pouvait avoir des caprices, il faudrait le laisser user de nous, selon son caprice. Jésus a besoin pour son œuvre de ces âmes toutes livrées.

Oh ! si on savait l'action d'une âme religieuse, pour elle d'abord, puis pour tant d'âmes qui n'aiment pas Notre-Seigneur ! Il faut qu'elle aime Jésus pour toutes ces âmes ! Il faut aussi un grand apaisement intérieur pour laisser la place à Notre-Seigneur. Ne vous tourmentez pas au sujet des dispositions à avoir pour la *Profession*, car la religion est une école de perfection, et si l'on voulait attendre d'être parfait, on ne ferait jamais ses vœux ; mais priez, demandez tout à Jésus ; ce n'est pas vous qui le recevrez, mais c'est lui qui viendra se recevoir en vous, car pour vous, ma fille, vous n'en seriez jamais digne ; c'est Jésus qui fera en vous le vœu d'obéissance, le vœu de pauvreté, le vœu de chasteté ; rappelez-vous ce que Notre-Seigneur disait un jour à la bienheureuse Angèle de Foligno qui n'osait pas communier : « C'est vrai, ma fille, tu n'en es pas digne ; mais j'en serai digne pour toi ! »

Bénissez Dieu de l'attrait qu'il vous a donné

pour la sainte Écriture, car c'est une grande grâce, mais ne vous étonnez pas de la différence qui existe entre ce que vous sentez et voyez en méditant la sainte Écriture, et vos actions ; ce quelque chose de grand que vous éprouvez en vous, c'est ce que Dieu vous montre pour y tendre, et il nous fait voir toujours bien plus haut que l'endroit où nous sommes, pour nous faire avancer dans notre chemin.

27 janvier 1859.

Si vous êtes troublée, tourmentée, quand vous êtes contredite dans vos sentiments, c'est que votre volonté n'est pas morte. — Ce que vous avez à faire, c'est de déclarer votre attrait pour la mortification à vos supérieurs, de vous faire bien connaître ; puis vous n'aurez plus qu'à vous laisser conduire ; la responsabilité n'incombe plus sur vous ; il faut obéir aveuglément comme saint Paul, lorsqu'il a été terrassé par le Seigneur, et aveuglé pendant trois jours, qu'il a marché en avant, et s'est livré complétement. L'obéissance aveugle de saint Paul, c'est le modèle que les saints Pères donnent à l'obéissance religieuse ; déclarez-vous donc, puis obéis-

sez ; en faisant ainsi, vous êtes sûre, mon
enfant, de faire tout ce que Dieu veut de vous.
— Rappelez-vous que je vous ai défendu de vous
troubler quoi qu'il arrive, ni de raisonner avec
votre trouble. — Croyez bien que si cet attrait
pour la mortification est la volonté de Dieu sur
vous, infailliblement il inspirera à vos supérieurs de vous le laisser suivre.

Et puis, mon enfant, ce ne sont pas les actes
en eux-mêmes qui sont agréables à Dieu ; c'est
le degré d'amour avec lequel on les fait, et la
mortification peut être plus grande en acceptant
par amour les ménagements qu'on vous impose,
qu'en vous privant, car c'est une très-grande
mortification d'avoir des particularités en communauté. Les actes de mortification sont bons
parce qu'en général, ils développent cet amour
de Dieu qui est notre seul but : ce n'est pas
de se frapper, de se mortifier, qui a de la
valeur en soi. Mais notre faiblesse est si grande,
qu'il peut arriver un danger dans ces actes de pénitence ; ils peuvent nous donner une certaine
assurance : ce sont comme des certificats de
notre fortune spirituelle. La mortification intérieure n'a pas ce danger de la pénitence extérieure.

Ne vous inquiétez pas de ce sentiment de

grandeur, de cette espèce d'emportement intérieur que vous éprouvez ; ces élans d'ardeur,
ces désirs qui vous soulèvent, cette dilatation
intérieure, tout cela est bon en soi, et cela vient
de Dieu. Seulement, mon enfant, vous êtes encore novice dans ces sentiments, et c'est pour
cela que vous y mettez une sorte d'exaltation ;
mais rien n'est plus opposé à l'orgueil que l'élévation. Quoi de plus grand que Notre-Seigneur
et quoi de plus humble? Allez-y donc très-simplement et appliquez-vous à pratiquer très-fidè-
lement la règle, parce que toutes les pratiques
d'assujettissement, de mortification, d'humiliation, qui sont l'esprit de la Visitation, feront le
contre-poids de ce qu'il y aurait de trop élevé intérieurement en vous : ce seront comme deux
rames qui vous feront avancer en se contreba-
lançant l'une l'autre. Continuez donc, mon enfant, avec une grande confiance, car je sens que
vous donnerez une grande gloire à Dieu, et je
vois tout ce qu'il veut de vous.

Il faut devenir comme un tout petit enfant, il
faut aller avec confiance entière à Notre-Seigneur, être comme un enfant avec lui. Il ne
vous faut rien qui vous gêne dans l'esprit, vous
avez besoin d'une grande paix, d'une grande

mansuétude de cœur. Vous êtes trop vivante, il vous faut de l'apaisement. C'est une grâce énorme que Notre-Seigneur vous a faite, d'apprécier le vrai esprit de la Visitation et de la vie religieuse. Ce qui m'a comblé de joie, bien plus que si je vous avais vue inondée de consolations jusqu'à en pleurer, c'est que c'est précisément ce qui est contraire à votre nature que vous appréciez. C'est là le solide; vous bâtissez sur la seule excellente base. La Visitation est comme un luminaire qui détruit peu à peu en vous tout ce qui est naturel pour aller à Dieu; c'est la croix, c'est-à-dire la mort qui est la seule porte de la vie.

Dieu est le don par excellence; dans sa bonté, il se donne à chacun de nous, mais il a des secrets intimes qu'il ne donne qu'à ses plus intimes amis, et il faut qu'il nous mette en état de les recevoir. Voilà ce qu'il faut pour porter des fruits dignes de Dieu : mourir d'abord à vous-même; perdre votre forme, perdre même les dons de la grâce qui sont en vous pour les remettre à Notre-Seigneur, parce que « si le grain de froment ne meurt pas après qu'on l'a jeté en terre, il ne portera pas de fruit. » Et quand vous serez ainsi morte, alors Notre-Seigneur vous donnera la forme qu'il veut pour vous, et vous vivrez uniquement de sa vie, et vous donnerez à Dieu toute la gloire qu'il attend de vous.

Ne vous attachez aucunement au sensible ; le sensible n'est rien, et, quoique vous ayez moins de sentiment pour Dieu, vous êtes cependant bien plus unie à lui qu'avant, et vous l'aimez davantage parce que vous l'aimez mieux. Regardez-vous le moins possible et appliquez-vous à regarder seulement Notre-Seigneur. Rappelez-vous ces paroles qu'il adressait à sainte Catherine de Sienne : « Ma fille, pense à moi et je penserai à toi. »

Maintenant, le passé est fini ; il ne faut, pour quoi que ce soit, vous regarder, ni vous troubler de rien de ce qui est passé ; il n'y faut plus penser, mais vous devez, comme dit saint Paul, vous étendre en avant dans votre course et entrer dans une nouvelle vie.

Quelle grâce Dieu vous a faite, ma fille, de vous choisir entre toutes vos sœurs et de vous appeler à être son épouse, à entrer dans sa Visitation ! Votre vêture va commencer en vous ces fiançailles, qui se continueront par votre profession et se consommeront dans le Ciel ! Donnez-vous bien tout entière à Jésus-Christ. Je le sais, je le sens, ce sont vos sentiments ; mais demeurez bien simple comme un petit enfant avec le bon Dieu et aussi avec vos supérieures, car, par ce moyen, il n'y aura pas d'illusions possibles.

Pensez que *pour être sauvée il faut que vous soyez une sainte*, parce que le bon Dieu vous a destiné ce degré ; vous avez une place particulière marquée dans le ciel, et c'est là qu'il faut que vous arriviez, ma fille. Vous y arriverez, j'en ai la certitude, mais soyez bien fidèle. Souvenez-vous que Notre Seigneur a montré à sainte Thérèse que si elle avait fait tel péché véniel, elle aurait été damnée ; le péché véniel ne damne cependant pas. Mais le péché est relatif, et si sainte Thérèse eût commis ce péché, cela lui aurait fait perdre une grâce, puis une autre, et cela l'eût peu à peu entraînée au péché mortel. J'ai la confiance que vous ferez une bonne, une parfaite religieuse : mais, avant toutes choses, gardez une simplicité de petit enfant. Rappelez-vous cette parole de votre bienheureux Père : « Si je savais dans mon cœur une fibre qui ne fût pas à Dieu, je l'arracherais aussitôt. »

Je vous défends de regarder en arrière, de vous troubler sur ce que vous auriez oublié ou mal expliqué dans votre confession générale.

Tout est effacé, pardonné ; ce sera *contre l'obéissance* si vous vous regardez vous-même. Il ne faut plus qu'aller en avant.

27 mai 1859.

Ma fille, je vois bien que vous n'êtes pas encore reposée en Dieu. Il y a en vous de l'empressement ; vous n'êtes pas encore fondée dans la foi qui nous fait demeurer dans la paix, au-dessus de tous les sentiments. Mais ayez patience ; il faut laisser faire Dieu en vous. Ne regardez jamais la sainteté de Dieu et votre misère, sans voir Notre-Seigneur comme intermédiaire, car de nous-mêmes nous ne sommes rien ; mais, dans ce rien, il a plu à Notre-Seigneur de demeurer. C'est sa sainteté qui passe en nous et nous conduit au Père.

Puis aussi, mon enfant, il y a un autre intermédiaire nécessaire : c'est la très sainte Vierge qui, elle, adoucit tout ; elle a été chargée par Dieu d'adoucir.

Notre-Seigneur en nous, c'est tout ; c'est lui qui est notre richesse, qui possède tout bien. C'est en vivant de lui que peu à peu et tout naturellement vous vous sentirez transformée, établie dans cette paix dont je vous parlais, sans même vous en apercevoir. Mon enfant, que Notre-Seigneur soit le principe et la mesure de toutes vos actions ; que chaque mouvement, chaque parole parte de lui, soit comme le mot daté de lui en vous.

Ne vous étonnez pas de vos imperfections ; cet empressement d'ailleurs n'offense Dieu en aucune manière : cela tient à votre âge chrétien ; vous êtes déjà née dans la vie de perfection par là même que vous avez été appelée à la vocation religieuse ; mais vous êtes encore un petit enfant. Patientez, c'est une si grande œuvre que Dieu entreprend en vous ! Aidez-la par vos communions, par vos oraisons, par votre sainte règle, vos sacrifices qui accroîtront peu à peu en vous la vie de Notre-Seigneur. Si les astres, les plantes croissent insensiblement par l'action seule de Dieu, jugez combien vous qui avez la liberté de votre volonté pour concourir à cette action de Dieu, vous croîtrez plus vite ! C'est vrai, il faut pour vous unir à Dieu une sainteté parfaite ; voyez la très-sainte Vierge, elle si pure, combien il a fallu que Dieu la purifiât et la perfectionnât encore par toutes ses souffrances.

Il est vrai que si nous devons tendre à cette

vie toute d'union, toute contemplative, notre
condition présente rend impossible la continuité
de la contemplation mêlée avec la vie active ;
mais lorsque, par une application nécessaire,
qui est même un devoir, notre esprit est sorti
hors de sa conversation avec Dieu, il faut
rentrer le plus tôt possible en nous, retrouver
en nous Notre-Seigneur, et à l'exemple des
épouses du monde qui bien qu'elles sortent de
leur logis, reviennent retrouver leur époux, il
faut nous remettre dans ce contact spirituel
avec Notre-Seigneur en nous. Grâce à votre
voie d'union avec Notre-Seigneur, mon enfant,
les procédés pour vous sont bien simples. Rentrez toujours avec lui, car c'est lui qui a tous
les biens ; priez-le.

Pour arriver à l'obéissance intérieure que vous
désirez, demandez-la lui beaucoup, puis à mesure
que vous serez unie à lui, la seule pensée qu'une
chose lui déplaît, que vous le gênez et arrêtez
en vous sa liberté, fera tomber cette muraille
entre lui et vous et vous soumettra toute à lui.

Ma fille, demeurez bien livrée à Notre-Seigneur. Il vous apprend toutes choses à l'oraison ;
c'est la bonne école ; ayez courage ; déjà il a
fait de grandes choses en vous ; soyez assurée
que vous arriverez où il veut : aimez à souffrir

pour lui, à tout lui sacrifier, car rien n'est perdu avec Dieu, et tout ce qu'il fait pour vous et sur vous est un acte d'amour plus grand que tout ce que nous pourrions non-seulement savoir, mais concevoir.

22 janvier 1860.

Mon enfant, les voies de Dieu sont plus élevées au-dessus de nous que le ciel ne l'est de la terre, et plus sa voie sur l'âme est mystérieuse, plus nous devons nous soumettre sans comprendre ; ce qui augmente notre mérite. Laissez donc Dieu vous conduire. Ce qui fait votre trouble, votre souffrance, c'est que votre volonté est encore très-vivante ; or il faut que vous n'ayez plus aucune volonté propre, plus de jugement [1] ; que vous soyez sans résistance, comme le liquide qui prend toutes les formes qu'on lui donne ; rappelez-vous les paroles de l'Écriture : « Mon âme s'est liquéfiée lorsque mon Bien-Aimé m'a parlé. » C'est-à-dire que l'âme se laisse absolument manier comme *la chose* de Dieu.

---

1. Ceci et ce qui suit dans plusieurs des lettres qui viennent après celle-ci, se rapporte au penchant de ma sœur pour les mortifications corporelles que lui interdisaient ses supérieures, et aux scrupules que lui causait cette interdiction.

Je voudrais, ma chère enfant, que vous fussiez toute petite enfant, que la sœur Jeanne-Françoise fût la *petite* du bon Dieu, qu'elle fît tout ce qu'on lui dira sans aucune observation ; il ne faut pas même penser, raisonner, juger sur ce qu'on nous fait faire ; c'est encore trop de la grande personne. Un enfant de trois ans raisonne-t il quand sa mère lui donne à manger de la viande le vendredi ? il mange tout simplement. Mon enfant, voyez-vous, ne vous trompez pas sur la perfection ; elle ne consiste pas à manger ou à se priver de telle ou telle chose, mais uniquement à détruire, à mortifier cette volonté, ce jugement propre, que j'accuse en ce moment, et qui est votre ennemi en même temps qu'il est celui de Dieu ; car, si ce qu'à Dieu ne plaise, vous deviez vous perdre, ce serait cette volonté propre qui vous perdrait.

La nature souffre, je le sais bien ; mais il faut en arriver à mourir absolument à soi-même.

De même que vous croyez que Notre-Seigneur est présent dans le Très-Saint-Sacrement, de même votre foi doit être assez vive, pour vous faire voir dans vos supérieures le *sacrement* de la volonté de Dieu ; en faisant tout simplement, sans observation, ni réflexion, ce qu'elles vous disent, vous êtes sûre de faire la volonté, le bon plaisir de Dieu sur vous ; et n'est-ce pas là ce que vous êtes venue chercher ?

Ainsi, mon enfant, *embrassez avec religion* ce que vos Mères vous ordonnent, comme si vous le receviez en effet des mains de Jésus-Christ. — S'il vous vient une répugnance, qu'*immédiatement elle soit immolée*. C'est si grand de se sacrifier sans cesse et d'être la victime de Jésus-Christ ! Je vous assure qu'en agissant ainsi, vous ferez plus de progrès en Jésus-Christ que si pendant un mois vous ne mangiez que du pain noir. Je ne veux plus que vous ayez de volonté ; je ne vous en permets qu'une, celle de vous sanctifier ; je ne vous laisse qu'un jugement, celui de ne croire que l'obéissance. — Mon enfant, vous êtes dans un moment de travail, dans un moment décisif pour vous ; il est dit... (*Le reste manque*).

o . . . . . . . . . . . . . . . . . . . . .

Janvier 1861.

Que Dieu vous aime ! quelles grâces il vous fait ! et que vous devez lui être fidèle ! Ce n'est pas assez d'*imiter* Jésus, car imiter c'est regarder devant soi ; mais Jésus veut s'incorporer tellement en vous, que vous ne soyez qu'une chose avec lui, qu'il vive tellement en vous que vous n'ayez simplement qu'à le *mani-fester*. Mon enfant, votre voie, *c'est de vous perdre pour laisser Jesus être*... C'est lui qui fera tout en vous, qui se chargera de vos obligations. Il faut arriver à n'avoir plus de désir, plus de volonté, plus d'attachement à rien, plus d'occu-pation de vous-même ; — le désir de pénitence est bon, pourvu que ce ne soit qu'un désir relatif ; car ce qui hier était pour vous la péni-tence que Dieu aimait, ne le sera plus aujourd'hui. Il n'y a toujours et par-dessus tout, que la *volonté du maître*, la volonté de Jésus ! c'est là le tout, mon enfant.

12 février 1862.

Ma chère enfant, il y a des âmes que la souf-france mène à Jésus, mais vous c'est Jésus qui vous mènera à la souffrance et à tous les états où il a passé. — Jésus est non-seulement votre fin, mais encore votre *voie* ; il faut que vous soyez Jésus ; Jésus veut *être* en vous, continuer sa vie en vous et par vous. Tout ce que vous avez à faire, c'est de vous perdre en Jésus ; d'être Jésus dans vos paroles, Jésus dans vos actions, Jésus dans la prière.

Gardez-vous bien surtout, mon enfant, de sortir de cette voie, sous aucun prétexte que ce soit. Il peut vous venir des tentations sur votre voie ; mais je vous recommande sur toutes choses de n'en jamais sortir. Vous n'avez qu'à laisser faire Jésus en vous, à le suivre quelque part qu'il vous mène, que ce soit au Thabor ou au Calvaire, que vous soyez consolée ou désolée, n'importe, laissez-vous mener où Jésus voudra et n'ayez d'autre mouvement que celui qui vient de Jésus. Si vous agissez par vous-même, vous sortez de votre voie.

C'est une grande chose que de *laisser faire* Jésus. Une source ne peut couler et féconder que par l'ouverture qu'on lui fait pour se répandre. — En laissant faire Jésus et en vous vidant vous-même, vous êtes l'ouverture et Jésus est la source. — Jésus ne vivait que pour faire la volonté de son Père ; c'est cette même vie qu'Il veut continuer en vous. Vous n'avez qu'à le suivre de moment en moment et qu'Il puisse dire par vous en toutes choses : « Je fais la volonté de mon Père. »

Ne vous étonnez pas de vos fautes ; Notre-Seigneur n'est jamais déplacé dans la misère. Il est venu la chercher sur la terre et il s'en sert comme il l'a dit lui-même : « Ma vertu se per-

fectionne dans la faiblesse. » Laissez faire le
temps, mon enfant, vous ne serez pas détruite
en un jour; mais peu à peu Jésus vous transformera en lui. C'est dur à la pauvre nature,
car la vie de Jésus ne lui laisse rien. Il faudra
que vous souffriez encore longtemps, mais c'est
pour arriver dans *le tombeau de la vie....*

Vous n'avez pas d'humiliations, parce que
Jésus n'est pas encore assez formé en vous, et
ce ne sont pas les humiliations de Jeanne-
Françoise que veut Jésus, elle est trop petite :
mais quand Jésus sera plus formé en vous, Il
vous fera alors passer par ses humiliations, par
ses opprobres, par sa vie crucifiée. — Jésus
enfant ne faisait pas les œuvres que sa sainte
humanité opérait à trente ans; il en sera de
même pour vous, mon enfant, et priez Dieu,
afin que vous ne soyez pas *effrayée* ni *scandalisée*
des états où Jésus vous fera passer.

Vous pouvez servir aux âmes en demeurant
dans l'esprit d'enfance qui est votre voie. Jésus
Enfant n'enseignait-il pas mieux que les plus
grands docteurs d'Israël? Et cependant sa sainte
humanité demeurait en dépendance du Verbe
Éternel qui l'animait. Servez les âmes, priez pour
les âmes. Ayez un grand courage. Vous êtes en
chemin et vous arriverez à la montagne de Dieu.

Vous ne devez plus faire aucune attention aux imaginations qui vous passent par l'esprit. Il faut les mépriser, les oublier totalement, n'en tenir aucun compte comme si cela se passait loin de vous, que ce fût une chose qui vous soit étrangère.

Pour les soulagements du corps, soumettez-les simplement à vos supérieurs afin que ce soin ne vous occupe plus : dès que l'obéissance a parlé, ne vous inquiétez plus de rien ; c'est une chose consacrée, l'obéissance consacre ces soins que vous prendrez.

22 février 1862.

Mon enfant, la mortification qui est plutôt un *dégagement* de la nature, est meilleure que la mortification qui nous fait combattre contre nous-mêmes, elle est plus douce parce qu'elle est la récompense et l'effet de nos efforts. Quand nos sens et notre chair sont déjà domptés et morts, il n'y a plus de violence à se faire. Mais cependant cette mortification-là même doit toujours se traduire par des actes ; il faut mortifier l'extérieur et l'intérieur, il faut dominer sa volonté.

Ma chère enfant, il n'est pas étonnant que votre nature répugne au dénûment intérieur, qu'elle craigne de suivre Jésus au désert. Ce n'est pas manque de fidélité, mais c'est que vous êtes une créature humaine : or la nature aime l'attachement et l'estime des créatures, les jouissances et les consolations des créatures. Mais il faut dominer cette frayeur de la nature; il ne faut pas vous y laisser aller. Ce n'est pas votre volonté qui résiste, c'est la nature.

Savez-vous, ma chère enfant que c'est bien haut d'entrer au désert avec Jésus ? Il y a deux époques spirituelles dans la vie intérieure : l'une qui conduit les âmes jusqu'à l'imitation de Jésus, et c'est déjà une grande chose pour une fille d'Adam d'être appelée à l'imitation de Notre-Seigneur. Peu d'âmes passent plus avant, parce qu'il y en a peu qui aient assez de courage, et aussi parce que toutes n'ont pas la grâce de cette vocation spéciale. L'autre époque c'est lorsqu'on est arrivé à Jésus, lorsqu'on est identifié

Jésus, qu'on n'est qu'une chose avec lui; c'est de marcher alors avec Jésus jusqu'au bout, comme Jésus par tous les états où il a passés. Savez-vous, mon enfant, que c'est un travail de venir du néant, du péché, pour être des dieux ?

C'est bien haut que d'arriver à cette transformation, d'*être Jésus !* La nature aura de grandes souffrances, mais qu'est-ce qu'une vie pour en arriver là ! Mon enfant, il faut renoncer au sensible...

Vous n'êtes encore qu'un tout petit enfant à la mamelle ; c'est le mieux pour vous, puisque c'est ce que Notre-Seigneur veut pour vous en ce moment. Mais laissez faire Jésus, s'il veut vous laisser entrer au désert avec lui. — C'est mieux encore que les consolations que vous sentez. Suivez Jésus, restez bien dans votre voie ; c'est votre direction, n'en sortez pour rien. Soyez aussi bien simple, soumettez toujours tout à l'obéissance.

Je le crois bien, mon enfant, que Notre-Seigneur vous aime ! Il est bien content de tout ce qu'il voit, de tout ce que vous faites ! Mais que tout l'édifice que vous élevez repose sur Marie. O mon enfant, ne séparez jamais Marie de Jésus. Marie continue à faire en chacun de nous ce qu'elle a fait sur la terre ; elle fait naître Jésus en nous, elle le nourrit, elle le garde, elle le fait croître en nos âmes. — Que Marie forme donc Jésus en vous, et n'oubliez pas que Jésus nous vient par elle.

16 mai 1862.

Mon enfant, l'obéissance et la charité, c'est Jésus. Soyez donc sûre que lorsque vous parlez de Dieu, que vous donnez Jésus aux autres, vous vous unissez à Jésus. Vous n'avez pas le temps de le savourer, mais à l'oraison vous le retrouverez mieux après avoir agi pour lui... Il y a temps pour donner, et temps pour recevoir. Ce serait bien commode si on pouvait toujours demeurer seul à contempler les mystères de Jésus ; croyez-vous que Notre-Seigneur sur la terre n'aurait pas préféré converser de son Père avec la très-sainte Vierge, que d'enseigner les pécheurs? Il a voulu cependant immoler cet attrait humain de sa sainte âme, pour se livrer à la gloire de son Père et au salut des âmes.

Bénissez Jésus, de ce qu'il vous laisse cet attrait de rester en lui ; mais gardez-vous bien de croire que vous ayez reculé dans la voie de Jésus; au contraire, mon enfant, vous êtes en progrès, et Notre-Seigneur est plus content qu'il y a un an.

Il est bien facile d'allier la petitesse intérieure avec la charge d'enseigner les autres extérieurement. Jésus, lorsqu'il prêchait à douze ans, à Jérusalem, et qu'il était docteur, cessait-il d'être le petit enfant Jésus? Ma fille, vous n'êtes que l'enveloppe, que l'organe, que la parole du Verbe; vous, soyez petite, mais laissez Jésus être grand. Soyez la petite enveloppe du grand Jésus. — Il faut que vous soyez toujours une petite enfant, vis-à-vis de Jésus.

C'est vrai, qu'en général, quand on commence la vie spirituelle, Dieu donne à l'âme des consolations et des caresses ; bien que l'assurance des promesses de Dieu dût nous suffire, cependant nous avons besoin de sentir, par nous-mêmes, la distance infinie des jouissances des sens et des jouissances divines.

Mais il y a les consolations des commençants, les consolations des continuants et les consolations des parfaits. Car Dieu par lui-même est consolant. Il est l'amour, la joie, la paix, et lors même qu'il fait souffrir l'âme, il lui laisse la paix que donne la possession. Dieu ne fait pas souffrir pour faire souffrir, mais s'il éprouve certaines âmes, c'est qu'il imprime sur elles un caractère d'expiation.

Laissez donc Jésus vous donner, et recevez ce qu'il vous donne ; s'il veut que vous soyez toujours consolée, laissez-le faire, et ne vous arrêtez pas à regarder où vous en êtes. D'abord nous ne pouvons pas le savoir, puis, le pourrions-nous, c'est une curiosité inutile et dangereuse. Mon enfant, soyez abandonnée ; ce qu'il vous faut, c'est l'abandon entier à Jésus. Ne cherchez pas les humiliations. En attendant les vôtres, entrez par l'oraison dans celles de Jésus. Pour vous, vous n'avez qu'à être fidèle.

Ce qui fait que votre âme est en souffrance, c'est qu'elle n'a pas encore la capacité de recevoir toute la vie que Jésus veut lui donner. Cela tient à un état de l'âme qu'il faut réformer. Dieu demande de vous une fidélité exquise. C'est tantôt une faiblesse, tantôt un autre manquement qu'il faut retrancher. Vous avez besoin de perfectionner vos actions ; vous devez le faire avec une *plénitude de volonté et d'amour*. Mais patience, mon enfant, ce travail vient du temps. Jésus le fera en vous ; vous n'avez qu'à vous livrer de plus en plus à une grande pureté et perfection en toutes choses.

28 janvier 18 3.

Ma fille, il faut être très-exacte à toutes les observances de la règle ; c'est une fidélité que Jésus vous demande. Voyez Jésus, il n'est pas prompt,

mais il est *alerte*. Il se hâtait, mais sans empressement, avec gravité, pour faire chaque chose
dans l'ordre, à l'heure que son Père avait marquée. « Mon heure, dit-il, n'est pas encore venue. » Il accomplissait chaque action au moment
réglé par son Père. C'est là le modèle de la vie
régulière, de la vie religieuse.

Ma chère enfant, votre voie est bien facile
pour devenir de plus en plus Jésus. Restez en
solitude et en conversation avec Jésus. Je le sens
bien, toutes vos volontés lui sont livrées; il est
complétement maître en vous; mais cependant
il y a encore en vous des choses qui lui échappent.
Elles sont à lui dans votre volonté, mais enfin
tout ne lui est pas rendu. Vous ne le savez pas
vous-même. C'est une action prompte, un regard,
des imperfections que vous ne voyez pas et qui
ne sont pas encore livrées à Jésus. Mais peu à
peu il vous les montrera; la lumière vous sera
donnée à mesure; car Jésus n'éclaire pas la besogne qu'il nous donne à faire longtemps par
avance. Il montre le travail à faire pour le moment; puis, quand ce sera fini, il vous décou-
vrira autre chose que vous ne connaissiez pas
encore.

Mon enfant, vous êtes prompte, le premier
mouvement vous échappe. Eh bien! il ne faut

plus *aller de vous directement aux choses*, mais il faut *aller d'abord de vous à Jésus, et par Jésus aller aux choses.* C'est un mouvement intérieur qui se fait et qui fait que nous n'agissons plus de nous-mêmes, mais que c'est Jésus qui agit par nous. C'est par le recueillement, en demeurant en solitude plongés au dedans avec Jésus, que ce mouvement se fait peu à peu en nous. Saint Paul l'a dit : Faites tout au nom du Christ; asseyez-vous en Jésus, parlez en Jésus, marchez en Jésus, dormez en Jésus, faites tout en Jésus. C'est cet esprit de foi qui opère en nous ce que faisait la sainte humanité de Jésus en s'unissant avec le Verbe. C'est ainsi que Jésus disait de lui : « Je ne fais rien de moi-même. » C'était le Verbe qui vivait dans la sainte humanité.

Ma fille, ce que je vous dis là est excessivement élevé dans la vie parfaite; je vous montre le haut de la montagne, mais il faut du temps pour y arriver. Sur la terre, il n'y a pas d'état permanent; il faut toujours faire des actes de vertu pour se maintenir dans cet état de mortification complète, car la nature ne s'éteint jamais, sans cesse elle veut reparaître et il faut toujours la tenir dans une sorte d'excommunication. Ne vous découragez donc pas, car Dieu vous aidera, et déjà il vous aide puissamment.

Ne soyez jamais contente de ce qui n'est pas
le plus parfait. Jésus vous aime trop pour vous
laisser tranquille : il vous poussera toujours.
Pour vous, ne demandez rien ; ne demandez pas
les souffrances. Qu'importe que vous passiez
votre vie dans les extases ou sur la croix? La
souffrance ou la joie ne sont rien en elles-
mêmes. Le meilleur, mon enfant, c'est d'être
livrée à Jésus. Il n'y a rien au-dessus de l'abandon. Que vous êtes heureuse d'être dans cet
état, hors des choses de la terre!

23 janvier 1864.

Mon enfant, cela n'ôte pas Jésus de le donner
aux autres, quand c'est par son mouvement
qu'on agit. Notre-Seigneur disait à une sainte
religieuse : « *Quand tu te sens, retiens-toi; quand
tu me sens, livre-toi.* » Vous n'avez qu'une seule
chose à faire, ma chère fille, c'est, aussitôt que
vous vous sentez, que vous vous reconnaissez
vous-même, de tout laisser tomber et de passer
en Jésus.

Que Jésus vous aime, et que vous êtes heureuse d'être aimée et d'être aimée comme cela !
Connaître si bien sa misère que l'on puisse dire

sans aucun retour d'amour-propre que tout le bien qui se trouve en nous, c'est Jésus qui le fait, c'est le comble de l'humilité.

Si Jésus nous aime tant avec notre misère, ce n'est pas cette misère qu'il aime en nous ; au contraire, il l'éloigne, il la condamne.

Ma chère enfant, ce n'est pas assez de demander l'amour à Jésus, c'est Jésus lui-même qu'il faut demander, car en lui tout est compris, c'est lui qui est le *don de Dieu.* Je veux faire bien plus que vous humilier : je veux vous faire sortir hors de vous. Ayez patience, l'œuvre de Dieu se fait plus sûrement et plus solidement quand elle veut du temps. A présent Jésus *se pose* en vous, il s'établit en souverain absolu. Quant vous serez tout à fait *sa chose,* soyez tranquille, il ne vous laissera pas stérile. — Il n'est pas besoin que les choses nous coûtent, pour glorifier Dieu. — Croyez-vous que les vertus coûtaient à la sainte Vierge? Non, ma fille, *aimez* et vous ferez beaucoup! Restez toujours avec Jésus une enfant et une épouse.

6 février 1864.

Ma chère enfant, c'est un progrès en Jésus de ne plus pouvoir vous appliquer à faire des actes de

mortification extérieure ; c'est plus loin que cela
que vous êtes passée, et il ne faut arriver qu'à être
*indifférente* à toutes ces choses. Les actes de mortification ne vous donnent pas le bon Dieu, car à quoi
bon se mortifier quand on est dans un état de
mort ?

Il en est de votre état avec Jésus, comme il
est arrivé aux deux alliances. L'alliance ancienne
était laborieuse, imposait des cérémonies, beaucoup d'observances, de travail ; l'alliance nouvelle, au contraire, étant plus parfaite, est toute
simple, toute paisible, sans efforts, et c'est
surtout l'esprit de Dieu qui y agit. Eh bien ! avant
d'entrer dans l'union avec Jésus, il faut aussi
un travail laborieux, selon la parole de Notre-
Seigneur. « Le royaume du ciel souffre violence. » Mais après ce travail, ces actes et ces
efforts, alors commence la nouvelle alliance, la
vie de Jésus qui est toute simple.

L'activité de Jésus est si paisible ! elle est
toute-puissante, mais sans bruit ; elle coule
comme un grand fleuve, elle avance toujours
sans secousse, elle se répand d'elle-même. —
Dans cet état, quand c'est Jésus qui vit en nous
tout se fait à propos, comme il faut, sans retour,
avec une grande pureté d'intention. C'est Jésus
qui sort de nous, qui répand sa vie par nous.

C'est sa parole, son action, ses dispositions, ses sentiments ; on fait le bien presque naturellement et sans y penser, parce que c'est Jésus qui mène sa vie en nous.

Ma chère fille, le principal pour vous n'est pas de vous attacher aux *actes*, mais à l'*état*, c'est-à-dire à l'union avec Jésus : ne cherchez pas à produire des fruits, mais à conserver, à protéger, à sauvegarder et à accroître cette union. C'est là ce qu'il importe de cultiver, et dans cet état d'union, les fruits se produisent d'eux-mêmes comme l'épanouissement de la vie de Jésus. — Il est « la source jaillissante jusqu'à la vie éternelle » ; le fond c'est la source, et lorsqu'on la possède, elle jaillit d'elle-même. — Attachez donc là tous vos efforts, tous vos soins, cultivez cette union comme le jardinier arrose seulement la racine de la plante sans s'inquiéter des fruits.

Mon enfant, je dois vous dire pour votre lumière et votre consolation, qu'il y a bien plus de chemin de fait entre M<sup>lle</sup> de Ségur et Jésus tel qu'il est en vous, qu'il n'y en a à faire entre ce Jésus petit encore, mais enfin qui est formé, et Jésus parfait en vous; car, une fois Jésus en nous, il n'a plus qu'à pousser, à s'accroître, à grandir et cela se fait comme naturellement.

Soyez très-simple, suivez très-simplement et fidèlement les inspirations de Jésus ; rien n'est petit quand c'est Jésus qui le demande, et souvent les petites choses ont une immense importance dans la vie spirituelle. — Attachez-vous à faire vos actions très-purement et très-*pleinement*. — Votre affaire n'est pas de faire beaucoup, mais de faire très-bien.

Vous êtes très-humble par la grâce de Jésus et vous êtes orgueilleuse par votre nature ; mais ces misères que vous sentez sont bonnes ; elles nous tiennent petits devant Dieu ; il faut qu'il y ait un cadre au tableau. Le cadre c'est notre misère, les abjections les plus humiliantes sont celles qui nous viennent de notre propre fond corrompu, le tableau c'est la miséricorde de Dieu. Oui, ma fille, Jésus nous aime, il aime des misérables ! Plus on va et plus la lumière de Dieu nous fait voir notre misère, mais aussi on a plus de grâce pour l'accepter ; on se regarde avec paix, on comprend que c'est dans l'ordre et que cela glorifie Dieu ! Jésus nous aime, ou plutôt il n'y a plus qu'un amour unique qui est Jésus, car le Père aime Jésus en lui ; et en nous c'est encore Jésus qu'il aime, Jésus à venir ou Jésus venu.

Ma pauvre enfant, restez bien en Jésus,

estimez comme rien, comme néant, tout ce qui
est hors de là. Ne vous occupez pas des choses
inutiles, des riens. Ce sont des choses étrangères. Il est difficile de mener cette vie surhumaine ; mais Jésus donne une grâce surhumaine.
Jésus fait si facilement des miracles! Tout va
bien, mon enfant, rendez bien gloire à Dieu.

*Paroles de Jésus-Christ à une religieuse mourante.*

Ma fille, nous sommes mariés ; toi tu es sur
ton lit qui souffres et ne peux pas prier ; moi je
suis dans l'Eucharistie qui prie et ne peux plus
souffrir : Tu souffres pour moi, et je prie pour
toi, à nous deux nous faisons notre besogne. »

31 août 1864.

Il est mieux de s'abandonner aux souffrances
que Jésus vous enverra que de désirer les souffrances, car la souffrance n'est bonne que lorsqu'elle est la volonté de Dieu. En vous aban-
donnant ainsi à tout ce que Jésus voudra, c'est
lui que vous aimez, mon enfant, et c'est là le
plus parfait.
Votre voie est la plus sûre, la plus courte et la

plus excellente pour arriver au but. — Vous n'avez donc qu'à y marcher, qu'à y courir et à être d'une fidélité totale à Jésus. Il faut que vous disparaissiez et qu'on ne voie plus en vous que les yeux de Jésus, les mains de Jésus, l'esprit de Jésus. Tout pour vous est renfermé dans ce mot de saint Paul : « Vivre, pour moi, c'est le Christ. »

Ce n'est pas votre voie d'avoir d'avance des partis pris, un programme, de vouloir faire de telle ou telle manière : cela est encore trop de l'esprit humain. Pour vous, vous n'avez qu'à *vouloir* suivre dans le moment le mouvement de Jésus, faire alors ce qu'il dira, parler s'il le veut, dire simplement à votre Mère ce que vous croyez ; c'est la simplicité entière d'un enfant que Jésus veut de vous. Peu à peu les troubles de votre esprit tomberont sous l'action de Jésus qui engloutira tout. Ces pensées ne sont pas un péché, et elles peuvent être une épreuve qui sert à votre sanctification. Je ne pense pas qu'elles vous restent. Travaillez cependant à les laisser tomber, car il est dit : « Tu aimeras le Seigneur ton Dieu *de tout ton esprit*, etc. » Vous êtes un peu agitée et empressée, mais cela tient en grande partie à votre tempérament. Je crois cependant qu'arrivée à un certain degré d'union avec Jésus, cela disparaîtra.

Ma chère enfant, il est si visible que Dieu vous aime! Voyez-vous, quand bien même il ne vous donnerait plus de grâces, il vous en a tant donné que vous n'auriez pas assez de votre vie entière, jusqu'au dernier soupir, pour le remercier! Continuez dans cette voie; bénissez Jésus qui fait son œuvre en vous. Il veut faire de vous une âme sainte. Pour le moment, restez enfant et épouse avec Jésus, et qu'il abonde de plus en plus en vous.

Février 1865.

La liberté intérieure n'est que le point de départ dans la vie en Jésus, c'est le commencement. Vous n'aimez plus Jésus de la même manière, car pensez-vous que Jésus puisse pendant bien des années aimer une âme sans la changer? Croyez-vous que son action n'est pas intense, efficace? Oui, il y a longtemps que Jésus vous prépare à servir à sa gloire, à être son hostie! Mon enfant, il y aura là une grande immolation, beaucoup de souffrances; vous le sentirez peut-être un jour.

Vous ne sentez pas beaucoup la souffrance, parce que là où il n'y a pas de volonté contraire, les deux tiers de la souffrance cessent. Mais ce sont des souffrances divines qui sanctifient. — L'amour de Jésus est si pur, il a besoin de silence, d'oubli de toutes choses, d'un entier dégagement du créé. Il faut que vous ayez une grande confiance, un abandon absolu à Jésus ; laissez à l'obéissance le soin de vous-même, et pour vous, soyez toute à votre grande affaire, toute à Jésus à l'intérieur, toute occupée à Jésus au dedans. Laissez Jésus faire en vous tout le travail ; il est le feu qui consume tout ; vous, vous n'avez qu'à alimenter ce feu, qu'à vous jeter dans votre feu qui est Jésus.

Cela va bien, ma fille ; mais il faut aller de mieux en mieux. Que votre travail soit très-doux, que ce travail soit recueilli, silencieux, paisible, tout au dedans. Quand Jésus ordonne, qu'il insiste, vous faites ce qu'il veut, et vous ne pourriez à présent guère faire autrement. Mais il y a tant de délicatesse dans l'amour de Jésus ! Il se fait sentir si doucement, et il a besoin que vous lui donniez tout avec une activité prompte, avec une véhémence sans empressement. Souvent je dépose en vous des désirs qui sont comme de petites semences, et vous les laissez tomber, vous les rendez inutiles. — Il ne faut pas vous en attrister, il n'y a là aucune malice, mais de la pure faiblesse ; on sent en vous l'action d'un grand amour dans une petite vertu ; mais tout ira bien et tout va bien, et si on sent la misère, on sent encore plus la miséricorde de Jésus en votre âme ! Vous aimez beaucoup, et l'amour c'est la plénitude de la loi.

Laissez Jésus régner dans votre âme ; restez dans votre état d'union avec Jésus, et lorsque quelque chose de vous en sort, rentrez dans votre état. — Restez épouse, restez vierge, restez hostie. Jésus vous a appelée dans son lieu secret comme l'épouse à laquelle il veut tout dire ; restez dans votre lieu ; tout ce qui n'est pas en Jésus est mort, est néant, est vain ; la plus petite chose faite en Jésus donne la vie, sanctifie, divinise, déifie, donne gloire au Père, aide les âmes, sauve le monde ! Restez donc toute en Jésus, Jésus en priant. Jésus à l'oraison, Jésus en parlant, Jésus en tout. Soyez par-dessus tout dans une grande paix, dans une grande joie, dans un total abandon à Jésus.

FIN

# SABINE DE SÉGUR

POËME

# SABINE

POËME

DÉDIÉ A MA SŒUR HENRIETTE

1868

## I

Laissez-moi la chanter, quand mes yeux et mon âme
Sont encor tout baignés de tendresse et de pleurs,
Quand de son saint regard je vois encor la flamme
Étinceler de joie à travers ses douleurs !

Laissez-moi la chanter, tandis qu'à mon oreille
Résonne encor l'accent de sa mourante voix,
Voix céleste et plaintive, au chant du soir pareille,
Qui me parlait de Dieu pour la dernière fois.

Laissez-moi la chanter, quand son divin sourire
Vit encor sur sa bouche où la mort l'a laissé ;
Lorsque son âme encore en mon âme respire,
Quand le présent qui fuit touche encore au passé !

## II

Quand on m'annonça ta naissance,
Quand je t'embrassai triomphant,
J'en ai gardé la souvenance,
Ma sœur. J'étais petit enfant.

A mes yeux je te vis paraitre,
Je te vis mettre en ton berceau,
Comme je viens de te voir mettre,
Enfant du ciel, dans le tombeau.

A peine en ta couche posée,
Ta jumelle vint à son tour.
Une âme, par le Dieu d'amour,
Entre elle et toi fut divisée :

Ame faite pour l'amitié,
Pleine de grâce et de lumière,
Dont l'une et l'autre a la moitié,
Et que chacune a tout entière.

Entre vous deux tout fut commun
On n'essaya point de partage.
Dès le premier jour de votre âge,
Vos deux êtres n'en firent qu'un.

De ces temps l'image affaiblie
En mon esprit semblait dormir,
Ma sœur. Mais la fin de ta vie
A réveillé mon souvenir.


### III

C'est moi qui répondis, au jour de ton baptême.
Tu ne pouvais parler, je m'engageai pour toi.
Ta mort après ta vie a dégagé ma foi.
Tu t'en es souvenue, à ton heure suprême.

Lorsque tournant vers moi ton œil encor serein,
Tu murmuras : « Adieu, mon ami, mon parrain ! »
Je crois toujours le voir, cet œil mourant et tendre :
Cet accent si profond, je crois toujours l'entendre !
O ma sainte filleule, au céleste séjour,
De ton frère pécheur sois marraine à ton tour !


## I V


Je te vois grandissant près de ta sœur jumelle,
Comme deux frais épis sortis du même grain,
Si semblables en tout, en votre heureux matin,
Qu'on la prenait pour toi, qu'on te prenait pour elle.

Quelquefois, vous trouviez un plaisir innocent
A changer vos deux noms, aimable et doux manége,
Et, si quelqu'un de nous se laissait prendre au piége,
Votre rire éclatait, pur et retentissant !

Le Seigneur avait fait vos âmes si pareilles,
Que vous n'aviez besoin de lèvres ni d'oreilles
Pour vous interroger : un regard suffisait.
L'une de vous à peine ébauchait sa pensée,
D'un mot l'autre achevait la phrase commencée ;
Souvent pour mieux causer, chacune se taisait.

Comme deux astres d'or dont la lumière amie
Se lève à la même heure et brille à l'horizon,
Mes sœurs, astres charmants levés sur notre vie,
Votre double sourire éclairait la maison.

## V

Il est une heure en ta jeunesse,
Il est une heure d'allégresse,
Toute vive en mon souvenir :
C'est l'heure où la femme commence,
Et sort à pas lents de l'enfance
Qui fuit pour ne plus revenir.

Seul, je priais. C'était la veille
Du jour de grâce et de merveille,
Où Dieu devait descendre en toi.
Tu vins, tu te jetas pleurante
En mes bras, ô douce innocente,
Et tu me dis : « Pardonne-moi ! »

De la croix céleste folie !
C'est la vierge qui s'humilie
Aux pieds indignes du pécheur !
Jamais ton âme, ô ma Sabine,
Ne m'avait paru si divine.
Ce jour est resté dans mon cœur.

Et le lendemain, à l'église,
Quand je te vis, à Dieu promise,
Couverte de ton voile blanc,
T'avancer, ardente et timide,
D'un pas que l'amour rend rapide
Et que le respect rend tremblant ;

Quand je vis, ô moment sublime,
Jésus-Christ, Sauveur et victime,
Descendre en ton cœur enivré,
Je sentis mon âme répondre
A ton âme et d'amour se fondre :
Je me souvins et je pleurai !

### VI

Vingt ans ! c'est le matin ; c'est la saison charmante
Où le soleil rayonne, où la vie est en fleurs,
Où la jeune allégresse au fond de l'âme chante,
Où l'éternel espoir est plus fort que les pleurs.
C'est l'âge où, refoulant leur larme commencée,
Les parents à l'autel mènent la fiancée,
Et font de leur trésor un autre possesseur,
Où l'épouse succède à la fille, à la sœur.

O sœur aimable et chère, aimable et chère fille,
Ange consolateur de toute la famille,
Tu vas de la maison t'éloigner à ton tour ;
Un époux, des enfants partageront ton âme !....
Tu souris : en tes yeux brille une étrange flamme.
Tu veux auprès de nous prolonger ton séjour.
Pour qui donc, ô ma sœur, gardes-tu ton amour ?

### VII

De grand matin, où s'en va-t-elle,
Le front brillant, le cœur léger ?
Elle court, la sainte, où l'appelle
Quelque douleur à soulager.

Pleine du Dieu qui la regarde
Et dont elle est le précurseur,
Elle va dans l'humble mansarde
Porter un rayon de bonheur.

Il n'est pas de réduit si sombre
Par le désespoir habité,
Dont elle n'illumine l'ombre
Au flambeau de sa charité.

Il n'est pas de vive blessure
Que ne panse cette main pure,
Blessure de l'âme ou du corps.
Le chagrin fuit en sa présence.
Elle parle, et nulle souffrance
Ne résiste à ses doux efforts.

Elle va, consolant l'épreuve,
Aplanissant l'âpre chemin.
Elle est la fille de la veuve,
Et la mère de l'orphelin !


## VIII


Un bonheur lui manquait. Voir Rome et l'Italie,
Baiser le sol que Pierre a foulé de ses pas,
Entendre ces accents que jamais on n'oublie,
C'était son seul désir des choses d'ici-bas.

Ce vœu, Dieu l'a rempli. Ces sublimes merveilles
Ont enchanté son cœur, ont ébloui ses yeux.
Le pontife a parlé, ma sœur, et tes oreilles
Ont entendu sa voix, écho sacré des cieux.

> Tes lèvres ont baisé les restes
> De ces vierges, tes sœurs célestes,
> Qui pour le Christ ont su mourir.
> Tes regards, ivres de lumière,
> Ont vu sur la croix de Saint-Pierre
> Le soleil couchant resplendir.
>
> Touché de cette double flamme,
> Quand on a répandu son âme
> Et ses pleurs sous le dôme en feu,
> Quand on a vu le pape et Rome,
> Qu'on a goûté la ville et l'homme,
> Il ne reste plus qu'à voir Dieu.

## IX

Les parents, les amis remplissent la chapelle.
Le prêtre se revêt d'habits éblouissants.
De cierges enflammés la lumière étincelle;
La prière s'élève et ses divins accents
Montent vers Dieu, mêlés au parfum de l'encens.
La fiancée est là, de grâce couronnée,
Plus belle que les fleurs dont sa tête est ornée;
Le voile de l'hymen ceint son front virginal.
Te voilà donc, ma sœur, à l'autel nuptial,
Et, de ta liberté vierge fière et jalouse,
Tu l'échanges enfin contre le nom d'épouse !

Que ton regard est pur, que ton visage est doux !
La pudeur te revêt, la candeur t'environne.
Bienheureux le mortel à qui ton cœur se donne !
Mais je ne le vois pas. Que fait-il loin de nous ?
Le prêtre poursuivant son office sublime
A déjà dans ses mains élevé la victime.
La cloche a retenti, le peuple est à genoux :
L'épouse est à ses pieds... mais où donc est l'époux ?
L'époux ? levez les yeux ! le voilà, c'est lui-même ;
C'est le divin agneau sur l'autel descendu,
C'est l'homme de douleur sur la croix étendu,
C'est le Verbe incarné, c'est la beauté suprême !
Voilà son bien-aimé, son partage éternel !
Le fiancé, l'époux, c'est le Christ immortel !

.

## X

Otez-lui ses habits de fête,
Arrachez ces fleurs de sa tête,
Dépouillez-la du voile blanc !
Éteignez-vous, pompes humaines,
Et que des vanités mondaines
Disparaisse jusqu'au semblant.

Coupez sa longue chevelure ;
Qu'une pauvre robe de bure
Couvre son corps humilié.
Il faut que tout orgueil s'endorme,
Pour que l'épouse soit conforme
A son époux crucifié.

De la vie il faut qu'elle sorte,
Il faut qu'au monde elle soit morte,
Que les vivants mènent son deuil.
Sous un voile on l'étend par terre,
Et sur elle on dit la prière
Qui se chante sur un cercueil.

Vivante et sainte sépulture !
C'est la chair et son vain murmure,
Le faux amour qu'attend l'oubli,
C'est tout ce qui fuit et nous trompe
Qui, dans cette funèbre pompe,
Est à jamais enseveli !

Le Dieu jaloux qui la réclame
Reste seul debout en son âme :
O Christ, elle est bien toute à vous !
L'esprit de votre croix l'anime :
Elle est amour, elle est victime :
L'épouse est digne de l'époux !

Adieu donc, ô ma sœur, ô ma compagne aimée,
Toi dont le souvenir m'est plus doux que le miel.
Du cloître sur tes jours la porte s'est fermée ;
Tu n'en sortiras plus que pour aller au ciel !

XI

O silence ineffable, ô paix des monastères !
Ravissement des cœurs par le ciel visités,
        Transports des vierges solitaires,
Qui vous pourra dépeindre, austères voluptés ?

Des éternels concerts il faudrait l'harmonie,
    Il me faudrait ta voix, ma sœur,
    Pour chanter la pure douceur
Du paradis obscur où tu cachas ta vie.

C'est là qu'incessamment, comme un torrent de feu,
Dans les cœurs élargis tombe l'esprit de Dieu.
        C'est là qu'on boit à plein calice
        Avec les pleurs du sacrifice
        L'enivrement du saint amour.
C'est là qu'aux pieds du Christ un an fuit comme un jour.
        De cette source humble et profonde
Sort un double courant d'ardente charité,
Qui vers Dieu monte et sur le monde
S'épanche et fait partout germer la vérité.
Saints mystères du cloître! austère pénitence,
        Trésors d'amour et de souffrance,
        Nul n'a sondé vos profondeurs!
Là coulent jour et nuit les pleurs de l'innocence,
        Pour effacer les fautes des pécheurs.
Priez, pleurez toujours, volontaires victimes!
Pendant que les méchants accumulent leurs crimes,
Accumulez le poids de vos saintes douleurs.
Dieu tient son bras levé pour foudroyer la terre :
Priez, pleurez toujours! C'est vous qui par vos pleurs
Aux mains de sa justice éteignez le tonnerre!

## XII

        Derrière ces barreaux épais
        Qui te retenaient prisonnière,
        Quand joyeuse tu paraissais,
        Je te retrouvais tout entière.

Ils laissaient passer la douceur
De ton regard, de ton sourire,
Et ces mots célestes, ma sœur,
Que toi seule savais me dire.

De ta mère, étoile du soir,
Tu dorais la forte vieillesse ;
Tu restais, sous ton voile noir,
Sa couronne et son allégresse.

Sur les grands et sur les petits,
Rayonnant à travers la grille,
Tu veillais dans ton paradis,
Ange gardien de la famille.

Ainsi ton Jésus nuit et jour
Rayonne au fond du sanctuaire,
Et, captif du divin amour,
Unit le ciel avec la terre.

## XIII

Dix ans se sont passés comme un rapide instant,
Dans la fécondité des larmes volontaires,
Dans le joyeux travail de l'amour pénitent,
Dans le ravissement des âmes solitaires.
Dix ans se sont passés à l'ombre du saint lieu
Dans le baiser du ciel et dans la paix de Dieu.
Maintenant l'heure approche où Jésus par l'épreuve
Veut achever, ma sœur, de te purifier.
L'époux va s'éloigner, l'épouse sera veuve :
Dieu, voulant à sa gloire un jour t'associer,
O mystère, d'abord te veut crucifier.

Le trouble descend en son âme.
De l'espoir la céleste flamme
Pâlit sous un souffle mortel.
L'amour a voilé sa lumière,
Et de ses jours la coupe entière
S'emplit de larmes et de fiel.

Du centre éternel isolée,
En vain la vierge désolée
Au ciel en pleurant tend les bras.
Vers son Jésus qui la délaisse,
Elle pousse un cri de détresse,
Son Jésus ne lui répond pas.

« Vous à qui je me suis donnée,
Vous m'avez donc abandonnée!
Pourquoi? Jusques à quand, Seigneur? »
D'amour, de douleur, oppressée,
Du fond de son âme blessée
Coule une sanglante sueur.

Accourez à son aide, anges de l'agonie,
Et pour la soutenir, prêtez-lui votre main!
Et vous que le Seigneur plaça sur son chemin,
Vierges dont elle est sœur, compagnes de sa vie,
De la compassion, sur son âme meurtrie,
Répandez le baume divin!


## XIV


Elles n'ont pas failli dans ce devoir sublime:
Elles ont jusqu'au bout soutenu la victime,

Leur amour n'a pas sommeillé :
Et pendant que leur sœur prolongeait sa prière,
Priant à ses côtés, le front dans la poussière,
    Les saintes filles ont veillé.

Durant les longs combats de cette veille obscure,
Comme l'astre du soir, leur joie sereine et pure
    Sur elle a versé sa lueur,
Jusqu'au jour radieux où, triomphant de l'ombre,
Le soleil de l'amour après une nuit sombre
    A ressuscité dans son cœur.


## XV


Mais l'épreuve n'est pas finie.
Après le jardin d'agonie,
Il faut le calvaire et la croix.
Une fièvre ardente la mine.
Le mal qui creuse sa poitrine
Dans sa gorge étouffe sa voix.

Sa chair, comme une fleur flétrie,
Se sèche, et le feu de la vie
S'éteint dans ses mourants regards.
De son corps la coupe brisée
Laisse fuir la vie épuisée
Qui s'échappe de toutes parts.

Ainsi d'heure en heure la vierge
Va se consumant comme un cierge

Que Dieu regarde, et dont le feu
Dévore incessamment la cire,
Jusqu'à ce qu'enfin il expire
En illuminant le saint lieu.


## XVI


Hosannah! Gloire à Dieu ! la lutte est terminée !
L'ombre disparaît sans retour.
La terreur fait place à l'amour :
L'extase remplira la fin de sa journée!

Dieu se rend à ce cœur qui ne vivait qu'en lui,
Qui se mourait de son absence!
Hier tout pleurait : aujourd'hui,
Tout chante et resplendit d'une allégresse immense.

La mort apparaît à ses yeux
Rayonnante d'espoir, de gloire couronnée,
Et de sa main prédestinée
Entr'ouvrant la porte des cieux.

« O mort! que j'ai tant redoutée,
Que j'ai de mon lit écartée,
Quand je ne te connaissais pas,
Maintenant je t'appelle et je te tends les bras.
Par ton embrassement viens finir mes combats !

Ma sœur, et vous, ma bonne mère,
Ne pleurez pas sur moi : j'ai cessé de souffrir.
Mon grand jour est venu : je monte à la lumière.
O ma mère, ô ma sœur, qu'il est doux de mourir !

Et vous, Jésus, ma seule vie,
Venez, ne tardez plus, ô mon unique époux !
Déliez ma pauvre âme à la chair asservie !
Prenez-moi, mon Jésus, et m'attirez à vous ! »

Elle dit, sa face rayonne,
Sa voix mourante éclate en un divin transport.
Sa main s'étend vers la couronne
Que Dieu lui montre dans la mort.

Le Seigneur est prochain, voici l'instant suprême !
La chair est impuissante à contenir l'effort
De l'âme qui veut fuir au sein de Dieu qu'elle aime.
O nature, tais-toi : l'amour est le plus fort !


# XVII


Le Christ a répondu. « L'épreuve est consommée ;
Tes doux gémissements sont montés jusqu'a moi.
Fuis la terre d'exil pour le palais du Roi.
Près du divin Époux, viens, ô ma bien-aimée !

La pure vision va remplacer la foi.
Dans les liens du corps ton âme renfermée
Va quitter sa prison par l'amour consumée ;
A moi tu t'es donnée, et je me donne à toi.

Viens, ma mère t'appelle et mes anges t'attendent.
Au-devant de tes pas souriants ils descendent
Pour dénouer le fil qui te retient encor.

Console en t'en allant ceux qui restent sur terre,
Dis-leur que ton Seigneur, ton époux et ton père,
De ta tendresse au ciel leur garde le trésor! »

## XVIII

Elle est là sur son humble couche,
Comme sur un lit nuptial.
Un sourire erre sur sa bouche;
Un reflet du ciel luit sur son front virginal.
Auprès d'elle, un pontife, un frère,
Une sœur, une mère, ô mère de douleurs,
La regardent mourir et retiennent leurs pleurs.
Rien ne trouble la paix de son heure dernière.
Le silence règne à l'entour.
Elle murmure encor : Mon Jésus, mon amour !
Et son âme s'exhale avec cette prière.

Écoutez! de son cœur sort un plus long soupir.
Sur son corps expirant un léger frisson passe :
Puis, rien... son front se penche; elle semble dormir.
Un calme solennel se répand sur sa face.
Tout s'apaise : la vierge lasse
Sans cesser de prier a cessé de souffrir.
O douceur, ô repos! est-ce donc là mourir?

## XIX

Prions, ne pleurons plus! Larmes, faites silence!
Laissez parler l'amour, laissez chanter la foi.
Par delà le tombeau l'éternité commence.
O vierge, ô bienheureuse, ô ma sœur, souviens-toi!

# TABLE DES MATIÈRES




Imprimerie Eugène HEUTTE et C°, à Sain -Germain.

De l'imprimerie d'Eugène Heutte et Cie, à Saint-Germain.

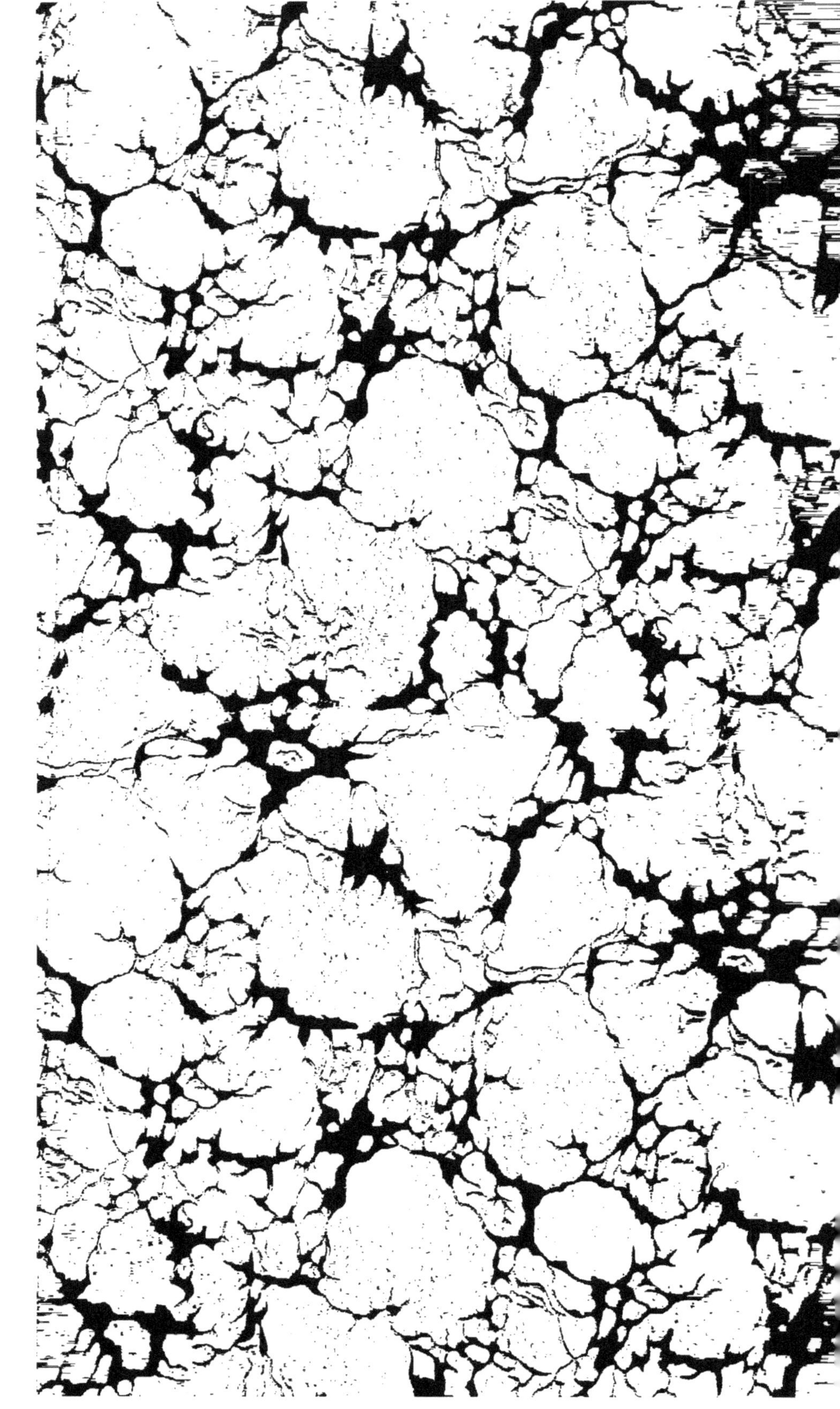

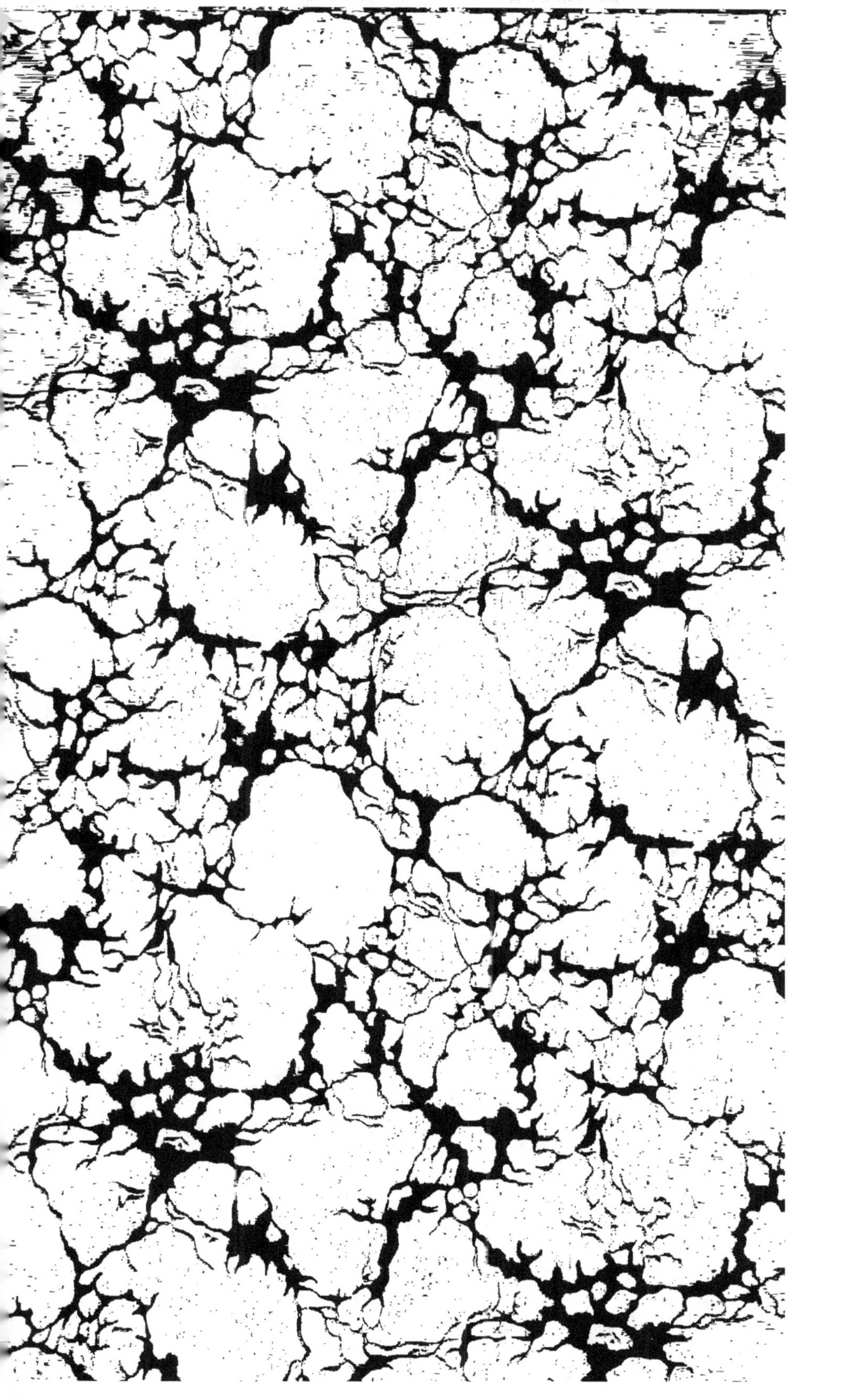

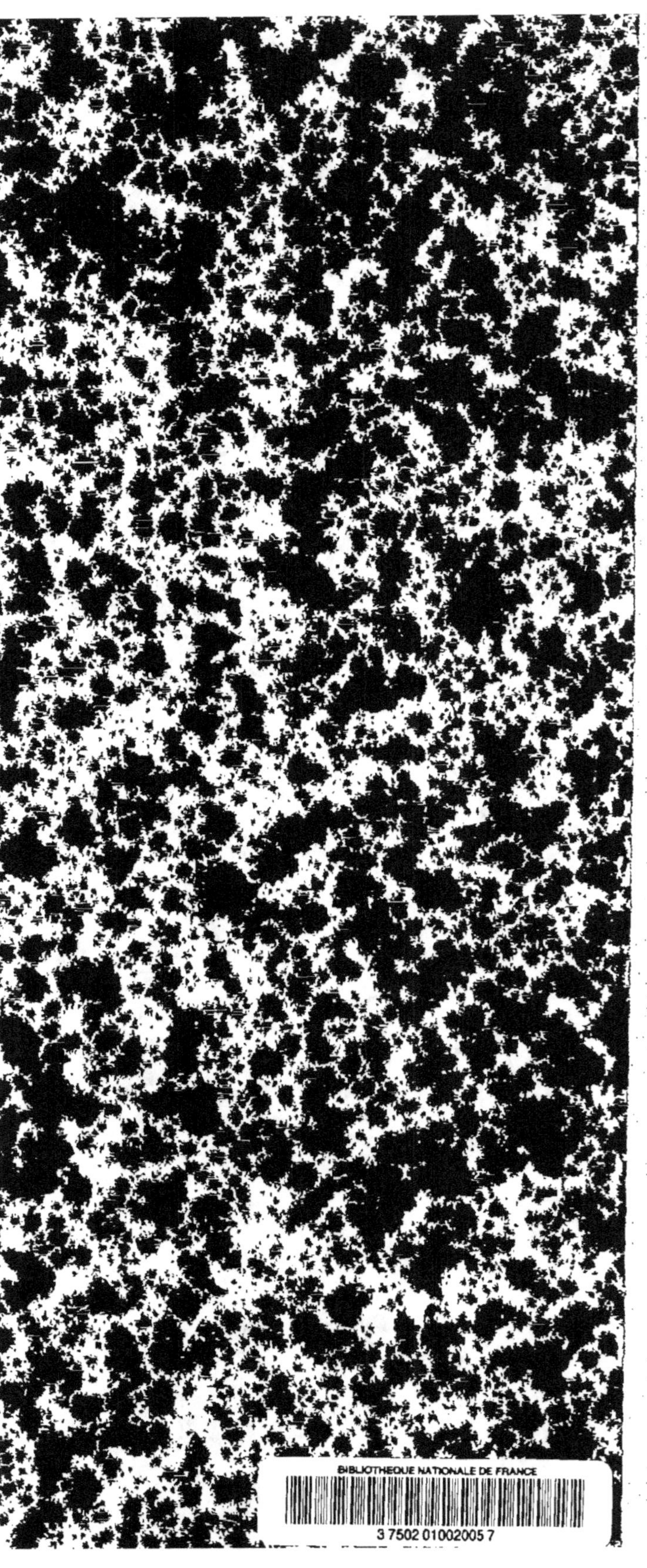
BIBLIOTHEQUE NATIONALE DE FRANCE

3 7502 010020005 7

www.ingramcontent.com/pod-product-compliance
Lightning Source LLC
Chambersburg PA
CBHW071533030726
47598CB00001B/111